이별 감정

사용설명서

이별 감정
사용설명서

이별 후 찾아오는 부정적 감정을 다스리는 치유의 심리학

도리스 볼프 지음 | 장혜경 옮김

생각의날개

이별에도 성장의 기회가 담겨 있다

이 책의 주제는 두 가지 이유에서 특히 더 내 마음을 사로잡는다. 첫째, 우리 상담실에는 매일 이별이나 이혼으로 절망에 빠진 수많은 남녀가 찾아온다. 둘째, 아주 오래 전 나 자신이 이런 어려운 상황에 처한 적이 있었다. 어느 날 문득 연인이 내게 이별을 통보했다. 꿈에도 생각지 못한 일이었다.

통보를 받은 후에 나는 완전히 딴사람이 되어버렸다. 그동안 나는 내가 그렇게까지 절망과 무기력에 허덕이리라고, 그렇게까지 황폐해지리라고 생각해본 적이 없었다. 한동안 나는 깊은 절망과 불안, 무력감과 증오, 죄책감과 자괴감에 빠져 허우적댔다. 물론 지금은 안다. 이별 후 내가 느꼈던 그 모든 감정은 지극히 정상이었으며, 그곳에 이미 새로운 시작의 뿌리가 숨어 있었음을 말이다. 그리고 그 새로운 시작의 뿌리는 더 좋은 연인의 만남으로 뻗어 나갈 수 있다는 것을 말이다.

그렇다. 지금 나는 그 이별이 내 인생에서 가장 중요한 경험 중 하나였다고 감히 말하고 싶다. 당시 나는 자존감과 자기 존중감이 어느 정도까지 떨어질 수 있는지 직접 경험했다. 이별을 겪었기에 비로소 내가 얼마나 연인에게 의존하며 살았는지도 깨달았다. 이별을 겪었기에 내 인생에서 정말로 중요한 것이 무엇인지도 나 자신에게 스스로 묻기 시작했다.

그러기에 지금의 나는 그에게 오히려 감사의 마음을 느낀다. 그가 없었다면 성숙하고 평등한 연인 관계로 가는 길을 찾을 수 없었을 것이고, 지금의 남편도 만날 수 없었을 것이다. 하지만 깊은 절망의 수렁에 빠진 지금의 당신에게는 아마도 이런 말이 그저 냉소적으로만 들릴 것이다. 그래도 괜찮다. 지금 이 순간에는 내 말에 동의하지 않아도 좋다. 아직은 이별이 기회라는 사실을 깨달을 필요도 없고, 또 그럴 수도 없을 테니 말이다.

지금 이 순간 필요한 것은 그저 나와 함께 이 책을 읽어 나가는 것이다. 그것마저 마뜩잖다면 조금 더 이 책을 덮어두어도 좋다. 아마 많은 독자가 불안을 느낄 것이다. 혹시 이 책을 읽으면 연인과 너무 빨리 멀어지는 것은 아닌가라고 말이다. 혹은 이 책을 읽는 일이 그와 나눈 사랑을 배신하는 듯한 기분이 들 수도 있다.

당신의 마음에선 두 개의 목소리가 속삭인다. 한편으로는 이 고통을 얼른 털어버리고 싶지만, 또 한편으로 아직은 관계의 끝을 인정하고 잊기 위해 노력하고 싶지는 않다. 그러니 조금 더 여유를 부려도 좋다. 언제라도 마음이 움직일 때 내게로, 이 책으로 돌아오면 된다. 나는 언제까지라도 당신을 기다릴 것이다.

이별은 고통스럽다. 나도 안다. 되돌릴 수 있다면 제일 좋고, 그럴 수 없다면 고개를 처박고 아니라고 부인하고 싶다. 이별의 극복은 등산과 똑같다. 자발적으로 저 아래 골짜기에 들어서지 않았다는 점만 뺀다면 말이다. 스스로 원해서 배낭을 메고 산으로 떠나오지는 않았다. 어쩔 수 없이 골짜기로 끌려 왔다. 그래도 어쨌거나 시작은 저 아래 골짜기다.

이제 당신은 저 높은 정상까지 오르리라 결심한다. 그리고 한 걸음 한 걸음 위로 올라간다. 알라딘의 램프 요정 지니가 '뿅' 하고 나타나 당신을 정상으로 데려가는 일은 일어나지 않는다. 정상에 오르려면 시간이 걸린다. 그리고 고되고 힘들다. 잠시 쉬어야 할 때도 있고, 길을 잘못 들어 헤맬 수도 있을 것이다. 그래도 당신은 정상에 오를 수 있다.

그 꼭대기까지 내가 동행할 것이다. 물론 내가 대신해서 걸어줄 수는 없다. 고통스러운 감정도 대신 느껴줄 수 없다. 하지만 당신이 길을 잃지 않도록, 푹 주저앉아 포기해버리지 않도록 옆에서 힘껏 도와줄 수는 있다.

이 책을 읽으면서 당신은 단계마다 하나 하나 깨닫게 될 것이다.

자신의 고통과 분노, 불안과 죄책감은 얼마든지 이겨낼 수 있다는 점을 말이다.

이별에도 성장의 기회가 담겨 있다. 더 강해져서 위기를 딛고 일어설 기회가 담겨 있다. 누구나 다시 일어나 건강해질 수 있다. 깊은 절망이 만성 우울증으로 자라지 않도록, 헤어진 연인은 물론이고 인간 전체에 대한 증오감으로 커지지 않도록 막을 수 있다. 슬픔의 시간을 크게 줄일 수도 있다.

더 나아가 어떻게 하면 타인의 도움 없이도 이별을 긍정적으로 극복할 수 있을지, 그리고 앞으로는 두 번 다시 그런 깊은 마음의 상처를 입지 않을 수 있을지도 배울 수 있다.

새로운 인생의 단계로 나아가는 당신에게 이 책을 통해 용기와 힘과 에너지를 주고 싶다.

도리스 볼프

이 책을 가장 잘 활용하는 법

이 책은 시간을 두고 읽어야 한다. 1단계에서 4단계까지 차근차근 나아가도록 구성되어 있기 때문이다. 한 장씩 차례로 읽으며 연습해보자. 각 장마다 일단 처음부터 끝까지 한 번 쭉 읽으며 전체 내용을 파악한다. 그런 다음, 특히 자신에게 해당하는 부분을 선택하여 그 부분의 연습문제를 아주 정성껏 따라 해보자.

감정적으로도 완벽히 연습을 마쳤을 때 다음 단계로 넘어간다. 당신이 지금 이 순간 어떤 단계인지를 파악하기 쉽도록 각 장의 첫머리에 짧은 질문을 넣어 놓았다. 끈기를 갖고 정성을 다해 연습해보자.

제일 친한 친구가 지금 당신과 같은 상황이라면 당신은 친구를 어떻게 대하겠는가? 바로 그 자세로 자신에게 정성과 인내심을 발휘해보자.

일기 활용하기

치유 과정 동안 일기를 써보자. 매일 쓰면 더 좋고, 힘들다면 일주일에 한 번이라도 좋다. 자기 생각과 감정을 일기에 토로해보자. 일기에는 무슨 말이든 다 할 수 있다. 같은 소리를 백 번 해도 상대가 당신을 얼마나 한심하게 생각할까 염려할 필요가 없다. 일기는 묵묵히 언제라도 당신에게 시간을 내어줄 것이다. 내가 이 책에서 권하는 연습문제도 그 일기장에 풀어보면 좋을 것이다.

글로 적으면 생각과 감정이 명확해진다. 적다 보면 혼란스러운 감정에도 질서가 잡힌다. 그리고 나중에 읽어보면 당신이 그사이에 얼마나 성장했는지를 단번에 알 수 있다. 지금의 감정과 생각에서 얼마나 멀어졌는지 절로 깨닫게 될 것이다. "아니, 어떻게 저런 생각을 할 수 있었지."라며 도저히 이해가 안 가 고개를 저으며 실소할지도 모른다.

차례

chapter 01 이별의 4단계

chapter 02 이별을 극복하는 생각의 힘

chapter 03 1단계 인정하지 않으려는 단계

chapter 04 2단계 감정의 폭발 단계

chapter 05 3단계 이별 극복의 단계

chapter 06 4단계 새로운 관계를 위한 준비 단계

chapter 01

이별의 4단계

• • •

당신이 언제 연인과 헤어졌는지 나는 모른다. 결혼했는지, 그냥 동거만 했는지, 아이가 있는지 없는지, 앞으로 먹고살 돈이 있는지 없는지도 모른다. 이별이 마른하늘에 날벼락 같았는지, 오래 지지부진 미적대었는지도 모른다.
이별한 지 얼마나 오래되었든 당신이 지금 어떤 상황이든 이별 후에 느끼는 절망과 분노, 증오와 불안, 죄책감은 지극히 정상이다. 사별했다 해도 이런 부정적인 감정은 다르지 않다. 이제 당신은 이와 유사한 감정을 느끼는 커다란 집단으로 한 발 들여놓은 셈이다.
연인과 관계를 맺을 때는 누구나 이별 후에 많든 적든 이런 부정적인 감정을 경험할지 모른다는 위험을 감수해야 한다. 사람이든 동물이든 물건이든 어떤 대상에게 마음을 쏟았다면, 누구나 어떤 상황이 발생함으로써 그와 이별할 수밖에 없을 때가 오기 마련이다. 그때는 틀림없이 이런 부정적인 감정을 겪을 수밖에 없다.

모든 사람은 이별 후 4단계의 과정을 거친다. (1)인정하지 않으려는 단계, (2)감정이 폭발하는 단계, (3)이별을 극복하는 단계, (4)새로운 관계를 준비하는 단계가 그것이다. 이 네 단계는 명확하게 구분되지 않는다. 서로 겹칠 수도 있고 뒤섞일 수도 있다. 특히 처음

두 단계는 겹칠 때가 많다.

더구나 이 네 단계는 일직선으로 진행되지도 않는다. 앞으로 갔나 싶으면 다시 뒤로 후퇴하기도 한다. 훌쩍 앞서가다가 갑자기 뒤로 주르륵 밀려날 수도 있다. 물론 그때의 후퇴는 처음 겪을 때보다 기간도 훨씬 짧고 감정의 세기도 훨씬 약하다.

지금 당장 4단계로 가버렸으면 좋겠지만, 이 모든 단계는 필요하고 또 나름의 의미가 있다. 모든 단계가 자신의 새 면모를 발견할 기회를 제공하고, 그 모든 단계를 이겨낼 수 있는 강인함을 선사할 테니 말이다.

“그따위 이론이 다 무슨 소용이야?”라는 당신의 외침이 여기까지 들린다. 아마 지금 당신은 이별 후 사람들이 어떤 마음 단계를 거치는지 알고 싶은 생각이 추호도 없을 것이다. 그저 당신의 마음이 얼마나 참담한지, 얼마나 비참한지 오직 그 생각뿐일 것이다. 그래도 내 말을 믿어주기 바란다. 경험으로 나는 안다. 이 4단계의 지식이 자신의 감정을 이해하고 받아들이는 데 큰 도움이 될 수 있음을 말이다. 알고 나면 더는 자신의 감정에 속수무책이라고 느끼지 않을 것이며, 자신이 문제가 있거나 머리가 돌았다고 생각하지도 않을 것이다. 또 자신의 감정과 생각을 잘 이해하면 그 감정과 생각을 긍정적으로 바꿀 수도 있을 것이다.

이별의 4단계

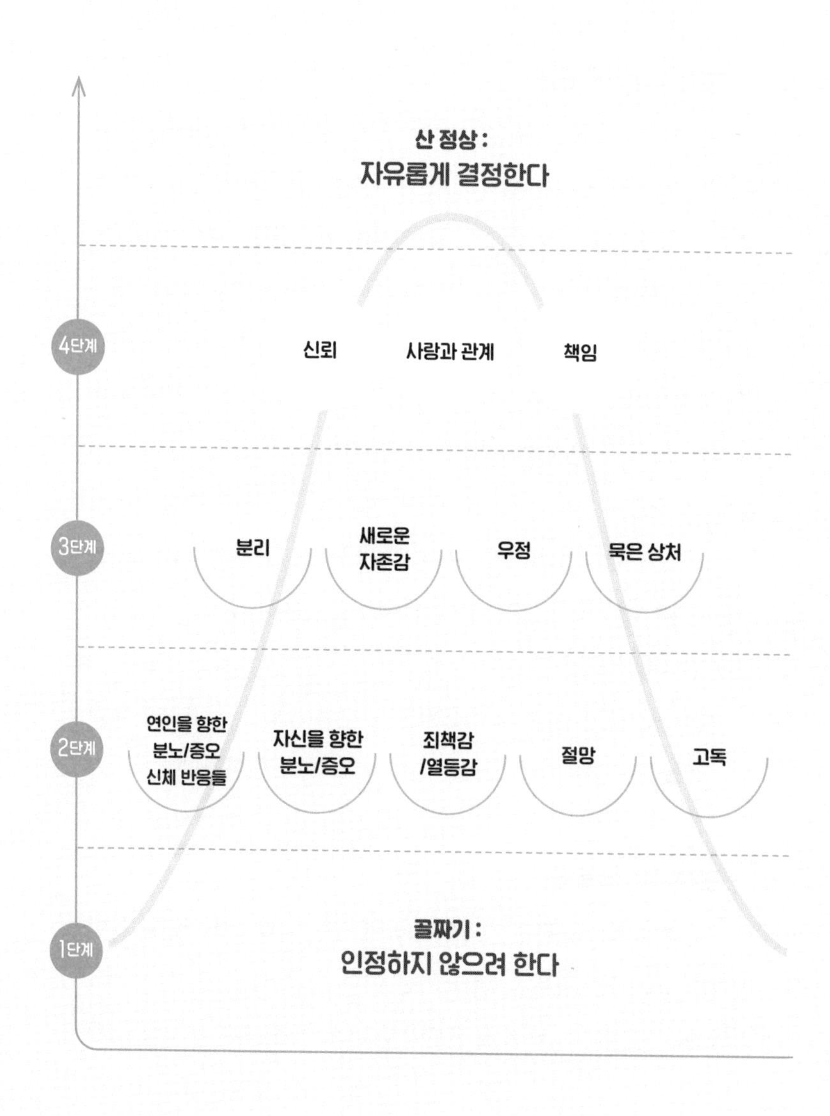

산 정상 :
자유롭게 결정한다
4단계
신뢰
사랑과 관계
책임
3단계
분리
새로운 자존감
우정
묵은 상처
2단계
연인을 향한 분노/증오 신체 반응들
자신을 향한 분노/증오
죄책감 /열등감
절망
고독
1단계
골짜기 :
인정하지 않으려 한다

이별의 4단계란?

1단계 인정하지 않음

이 단계의 특징은 이별의 부정과 부인이다. 연인이 집을 나갔다면 당신은 온갖 핑계를 대며 그와 다시 연락을 취하려고 애를 쓴다. 그를 미행하거나 '우연한 만남'을 가장하기도 한다. 아직 한집에서 살고 있다면 혹시 그가 더 다정하게 구는 날이 없는지, 심지어 혹시 그가 당신과 잠자리를 함께하고 싶어 하지는 않는지 계속해서 살핀다. 매력적으로 보이려고 평소보다 꾸미고 그에게 더 다정하게 군다. 이사를 절대 안 하려고 하고 친구들에게 헤어졌다고 말하지 않는다. 결혼반지나 커플링을 손가락에 끼고서 그가 장기 출장을 갔다고 거짓말을 한다. 매일 그의 소식을 기다리고 그가 귀가하기를 기다린다. 이 모든 일이 그저 하룻밤의 악몽이기를 바라며 하루하루를 참고 견딘다.

희망은 절망과 자주 자리를 바꾼다. 때로는 연인과 자신을 향해 분노의 불길이 솟구친다. 그렇게 우리는 2단계로 넘어간다.

2단계 감정의 폭발

2단계의 특징은 감정 기복이 심하며 방향을 잃고서 어디로 가야 할지를 모른다는 것이다. 내가 과연 이런 사람이었는지 스스로 놀라워한다. 절망과 무력감에 몸부림치고, 앞으로 남은 인생이 절대로 행복하지 못할 것 같다. 머리에서는 쉬지 않고 그와 나누었던 아름다운 추억이 떠오른다. 당신은 "이제 두 번 다시 그런 시간은 없을 거야."라고 생각한다.

또 당신은 이별의 책임이 자신에게 있다고 생각한다. "내가 조금만 잘했더라면……", "내가 조금만 더 다정했더라면……"과 같이 후회가 밀려온다. 자괴감도 심해서 자신의 못난 점만 눈에 들어온다. "나는 너무 뚱뚱해. 연애를 못해. 좋은 파트너가 아니야. 머리가 나빠. 매력이 없어……"와 같이 지속해서 불안이 솟구친다.

혼자서는 살아갈 수 없을 것 같아 불안하다. 예전에는 혼자서도 잘만 처리하던 일들을 이제는 절대 못 할 것 같다. 밤이 무섭고 주말에 혼자 집에 있을 일이 겁난다. 경제 사정이 나빠지고 이사를 해야 하고 혼자서 아이를 키울 일이 막막하기만 하다. 이혼 절차만 생각해도 머리가 지끈거린다.

절망과 불안은 분노와 증오와 자주 자리를 바꾼다. 당신이 그에게 다가가 관계를 개선해보려고 노력하는데 그가 야멸차게 거부하면 자신에게 불끈 화가 치민다. "내가 왜 이런 굴욕을 참는 거지?", "내가 병신이야?"와 같이 말이다. 이런 순간이면 자신이 너무나 한심하고 초라해서 미칠 것 같다.

동시에 연인에게도 화가 난다. "어떻게 나한테 이럴 수가 있어?" "지가 인간이라면 이럴 수는 없는 거야." 당신은 복수를 꿈꾸고 반드시 되갚아 주리라 맹세한다. 이 단계가 서서히 막을 내릴 무렵이면

저 멀리에 있는 육지가 다시 눈에 들어온다. 그렇게 3단계가 시작되는 것이다.

3단계 새로운 방향

가끔은 1, 2단계로 돌아갈 때도 있지만, 다시 적극적으로 생활을 해나간다. 당신은 이제 그가 없어도 잘 살아갈 수 있으며 오히려 그와 함께 살 때보다 더 행복해질 수 있다는 사실을 깨닫는다. 그와 다시 잘해보자는 생각은 완전히 접었다. 그를 향한 거부와 원한도 많이 줄었다.

다른 사람들과도 다시 접촉하기 시작한다. 이별이 당신의 성격과도 관련이 있었다는 사실을 깨닫고 다시 자존감을 키우고 자신에게 사랑과 칭찬을 선사하기 위해 노력한다.

4단계 새로운 인생관

지금 당신은 이별이 결코 실패의 벌이 아니었다는 사실을 잘 안다. 어차피 문제가 있던 관계였고 이별이 유일한 해결책이었다는 사실도 잘 안다. 이별을 통해 자신의 장점을 더 많이 찾아냈다. 이제는 새로운 관계를 시작할지 여부를 자유롭게 결정할 수 있다. 새로운 관계에서 어떤 것을 바라는지도 더 확실히 알게 되었다. 사랑과 연인 관계를 바라보는 눈이 달라진 것이다.

또 다른 자유도 얻었다. 자신이 되는 자유! 이별 덕분에 당신은 중요한 깨달음을 얻었다. 자신을 더 잘 알게 되었고 숨어 있던 자신의 능력을 발견하고 성장시켰다.

과거의 관계가 미래의 관계에 어떤 영향을 미칠 수 있는지 이제 당신은 잘 안다. 이제 당신은 다시금 타인에게 믿음을 선사할 수 있을 것이다.

4단계를 꼭 다 거쳐야 할까?

이 4단계는 등산과 비슷하다. 당신은 저 아래 어두운 골짜기에서 걸음을 내딛기 시작하여 천천히 환한 꼭대기를 향해 올라간다. 오르고자 하는 마음만 있다면 누구든 꼭대기에 오를 수 있다. 물론 가다 보면 돌아가고 싶은 마음이, 그냥 그 자리에 주저앉고 싶은 마음이 수백 번도 더 들 것이다.

그래서 결국 이 4단계를 다 거치지 못하고 도중에 포기하는 사람들도 있다. 어떤 사람은 사랑해서가 아니라 혼자인 자신이 두렵고 불안해서 연인과 화해한다. 또 어떤 사람은 분노나 우울증에 빠져 헤어 나오지 못한다. 과거만 바라보며 상실을 슬퍼하거나 복수를 맹세하고 욕을 퍼부으며 남은 인생을 보낸다. 4단계에 이르기도 전에 성급하게 새로운 관계를 시작하는 사람도 있다. 심지어 목숨을 끊는 사람도 있다.

안타깝지만 이들은 모두 인생의 멋진 선물을 놓치고 말았다. 과거를 소중한 경험으로 일단락 짓고 자유롭게 미래를 향해 나아가는 그 멋진 기분을 절대 경험할 수 없을 테니 말이다.

내가 장담한다. 산꼭대기까지 힘들여 낑낑 올라간 보람이 반드시 있을 것이다. 그리고 당신도 당연히 그 꼭대기까지 올라갈 수 있다. 누구나 올라갈 수 있는 곳이니까. 초인적인 힘이 필요한 일이 아니니까. 히말라야 산악인들만 오를 수 있는 곳은 결코 아니다.

4단계까지 얼마나 걸릴까?

3단계까지 가는데 평균 1년이 걸린다. 거기서 다시 4단계로 나아가서 인생을 새롭게 바라볼 수 있으려면 대부분 2년에서 4년이 걸린다. 하지만 당연히 그보다 더 빠른 사람도 있고 더 느린 사람도 있다. 사람마다 새로운 상황에 대처하고 성장하는 속도가 다 다르다. 산꼭대기에 도달하는 속도는 각자의 인생사와 인생관에 따라 달라진다. 그러니 남의 속도에 주눅 들지 말자. 조금 더 시간이 걸린다고 해도 결국 당신은 위기를 벗어날 수 있을 것이고 4단계에 이를 수 있을 것이다.

사람에 따라서는 한 번의 이별로 4단계까지 가지 못하는 사람도 있다. 만났다 헤어지기를 몇 번이나 반복하며 고통을 겪어야 겨우 삶을 바라보는 자세가 바뀔 수 있는 것이다.

그러니 골짜기에서 몇 번 길을 잃었다고 해서 자책하지 말아야 한다. 물론 나도 안다. 연인과 다시 화해하거나, 아니면 영원할 것 같은 새로운 사랑을 찾는 방법이 더 쉬울 것이다. 하지만 인생은 그렇게 간단하지가 않다. 노력하여 4단계에 이르지 못한다면 누구를 만난다고 해도 이번과 똑같은 비극을 반복할 수밖에 없다.

끝으로 한 마디 더 덧붙이자면, 당신의 연인도 이별의 4단계를 피해 가지는 못할 것이다. 다만, 당신과 달리 그는 오래전부터 이별을 준비했을 터이므로 당신보다 먼저 분리의 단계를 거쳤을 것이다. 그러니까 시간은 좀 앞설 수 있지만, 그 역시 당신과 마찬가지로 이별의 여러 단계를 거쳐야만 한다.

사람마다 극복의 차이는 왜 생기는 걸까?

이별을 잘 이겨내는 사람이 있는가 하면 절망에 빠져 헤어 나오지 못하는 사람이 있다. 왜 그런 차이가 생길까?

우선 겉으로 보이는 행동과 태도는 가짜일 수 있으니 조심해야 한다. 절망에 빠져 우는 약한 모습을 절대 남에게 보이지 않으려는 사람이 많다. 특히 남성이 그럴 가능성이 높다. 그래서 진정제를 털어먹고 술을 마시면서 자신을 달래고 사람들 앞에서는 의연한 척하지만, 집에 혼자 남게 되면 와르르 무너진다.

또 사람에 따라 느끼는 고통의 정도도 차이가 있다. 그런 차이가 생기는 이유로는 다음과 같은 사항들을 꼽을 수 있다.

1 헤어진 연인과 관계

당신의 인생에서 그가 얼마나 큰 자리를 차지했던가? 둘이서 많은 시간과 활동을 함께 했던가? 그가 유일한 보호자였나? 그 연인을 여전히 믿고 존경하는가?

2 성격

당신의 인생이 그 연인을 중심으로 돌아갔던가? 그가 옆에 있고 그가 당신을 사랑해서 행복했고 스스로 괜찮은 사람이라 생각했던가? 지금까지 한 번도 혼자 살아본 적이 없어서 혼자 살아갈 엄두가 안 나는가? 살면서 이별을 염두에 두었던 적이 있는가? 이별을 경험해본 적이 있는가? 상실을 딛고 혼자서도 잘 살 수 있다는 확신이 있는가? 스스로 자신을 매력적인 사람이라 생각하는가?

3 나이

결혼 생활을 오래 한 후에 이혼한 중년이 특히 이별에 취약하다.

4 성별

연구 결과를 보면 남성이 여성보다 훨씬 혼자 살기 힘들다고 한다. 연인이 없으면 여성보다 더 자주 아프고 일의 능률도 떨어진다. 세상은 여전히 남자들에게 울지 말라고, 씩씩하라고 요구한다. 남자들끼리는 감정 이야기를 잘 하지 않는다.

또 똑같이 이별을 겪어도 남자들에게 더 많은 지원이 쏟아진다. 남자가 '더 어찌할 바를 모르는' 것 같기 때문이다. 그래서 동료들이 서둘러 소개팅을 주선한다. 그래서 이별의 단계를 완전히 끝마치기도 전에 다시 성급하게 새 관계를 시작하게 되는 문제도 있다.

5 상황

헤어지자는 말이 자주 오가고 걸핏하면 싸우다가 결국 헤어지게 되었는가? 아니면 어느 날 마른하늘에 날벼락처럼 이별의 통보를 받았는가? 상대가 바람이 나서 당신을 버렸는가? 이별과 함께 경제, 주거, 양육, 일자리, 사회적 지위에도 문제가 생겼는가? 직업이 있거나 당장 재취업이 가능한가? 도와줄 친구가 많은가? 이혼하려면 아직 기나긴 법 절차가 남아 있는가?

어떤 도움이 있을까?

전문가를 찾아가는 것이 수치라고 생각하던 시대는 지나갔다. 오히려 그런 곳을 찾아다니는 사람들이 자신을 더 잘 챙기는 사람들이다. 정신과는 무능하거나 미친 사람이 가는 곳이 아니다. 정말로 미친 사람은 자기가 미친 줄 모르기 때문에 병원에 가지도 않는다. 당신이 전문가에게 도움을 청한 유일한 사람이라면 이 세상의 모든 정신과 전문의와 심리치료사는 진즉에 다 굶어 죽었어야 한다.

치료를 받아서 쉽게 이별을 이겨낼 수 있을 것 같으면 망설이지 말고 당장 도움을 청하자. 특히 다음과 같은 증상이 있을 때는 경고 신호이므로 반드시 심리치료나 정신과 치료를 받아야 한다.

- □ 매일 자살 생각을 하고 심지어 구체적으로 자살 계획을 짠다.
- □ 이제 그만 고통에서 벗어나고 싶지만, 길이 안 보인다.
- □ 다 무의미한 것 같아서 씻지도 않고 먹지도 않는다.
- □ 4주 이상 진정제와 수면제를 먹고 매일 술을 마시거나 과음하고 폭식하거나 굶는다.
- □ 누군가에게 마음을 털어놓고 싶지만, 말할 사람이 하나도 없다.

이 책에서 내가 당신에게 주고 싶은 것

나는 앞으로 중요한 인생의 4단계를 걸어갈 당신의 곁에서 함께 하고 싶다. 이 책에는 내가 직접 이별을 겪으면서 알게 된 지식과 우리 상담실을 찾은 많은 내담자와의 대화에서 얻은 지혜가 담겨 있다. 내담자들에게 하듯 나는 당신에게 내가 줄 수 있는 모든 도움을 제공할 것이다.

처음에는 내 말이 고깝게 들릴 수도 있다. "그래 너 잘났다.", "말이야 쉽지.", "나는 그렇게 간단하지가 않다고.", "너는 나만큼 힘들지 않았겠지.", "난 너만큼 잘난 사람이 못 돼." 등과 같은 생각이 먼저 들 것이다. 정상적인 반응이고 인간적인 생각이다. 하지만 당신이 이 책의 조언에 귀 기울인다면 훨씬 더 빨리 고통에서 벗어날 수 있다는 사실을 나는 안다. 당신이 바라는 바도 그것 아닌가?

당신의 감정을 덜어주거나 무시하려는 것이 아니다. 당신은 자신의 마음속에서 휘몰아치는 그 폭풍 같은 감정을 직접 느끼는 유일한 사람이다. 세상 그 누구도 지금 이 순간 당신의 마음을 똑같이 느낄 수 없고 따라 느낄 수도 없다. 설사 정신과 전문의나 심리치료사라 해도 당신의 감정을 똑같이 느끼지는 못한다. 나는 그저 내가 겪은 이별의 경험과 나를 찾아왔던 내담자들이 비슷한 상황에서 느꼈던 감정을 당신에게 들려줄 수 있을 뿐이다. 그러므로 이 책에서 내가 혹여 당신의 기분을 정확히 맞추지 못한다고 하더라도 양해해 주기를 바란다.

지금 이 순간 당신이 어디에 있든 당신은 절대 속수무책이 아니다. 내가 장담할 수 있다. 당신의 연인은 당신을 떠나기로 마음먹었다. 그것은 그의 권리다. 하지만 당신이 원치 않는다면 그는 절대 당신의 감정을 자기 마음대로 주무를 수 없다. 당신의 감정은 당신의 자유이며, 동시에 당신의 기회다.

당신에게는 그럴 자유가 있기에 지금 당장 등반을 시작할 수 있고 다시 자신감과 인생의 낙과 마음의 평화를 되찾을 수 있다. 그렇다. 지금 이 순간에는 도저히 상상이 안 되겠지만, 당신은 심지어 그 순간의 긍정적 감정들을 뛰어넘어 더 멀리까지 나아갈 수도 있다.

이별을 극복하는 생각의 힘

chapter 02

• • •

이별의 4단계를 함께 살펴보며 등반을 시작하기 전에 먼저 잠시 우리의 감정이 어떻게 생기는지 설명하고 싶다.
특히 이별의 상황에서는 연인이 우리를 이 깊은 불행의 나락으로 몰아넣었고 이 모든 고통을 우리에게 덤터기 씌웠다고 생각하기 쉽다. 우리의 행복은 오직 그의 손에 달렸다고, 그가 돌아오느냐 마느냐에 달렸다고 말이다. 달리 표현하면, 그가 돌아오지 않으면 우리는 평생 행복할 수 없다고 생각하는 것이다.

관계를 맺을 때는 누구나 그 연인이 죽는 날까지 우리를 행복하게 해주리라고 기대한다. 그런데 이제 그 기대가 산산조각이 났다. 그는 떠났고 우리는 불행하다. 이런 생각이 논리적이고 자연스럽지 않은가? 우리는 영원히 슬퍼야 마땅하지 않은가?

"그렇지 않다. 비록 지금 이 순간엔 그럴 것 같아도 영원히 슬플 이유는 없다." 이것이 앞의 질문에 대한 나의 대답이다. 상실을 이겨내는 속도가 사람마다 다르다는 점은 아마 당신도 경험으로 이미 알고 있을 것이다. 남편이 죽고 20년이 지나도 여전히 죽은 그날처럼 괴로워하는 사람들이 있다. 하지만 4주만 지나도 벌써 다 잊고 다시 즐겁게 인생을 사는 사람들도 있다. 고통의 이유가 연인의 죽음에 있지 않기 때문이다. 고통의 원인은 남겨진 사람이 죽은 사람을 아주 많이 필요로 했고 그에게 많이 의존했기 때문이다. 바로 이 큰 기대가, 행복하기 위해선 그가 필요하다는 마음가짐이 크고 긴 슬픔과 충격을 안겨주는 것이다.

우리의 감정은 항상 우리의 생각, 바람, 기대의 결과로 생겨난다. 살아 있는 한 감정을 느끼지 않을 수는 없다. 감정 없는 인간은 죽은 것과 진배없다. 하지만 감정의 종류와 크기는 우리가 정할 수 있다. 우리는 모두 자기 감정의 종류와 강도를 결정한다. 당신이 원치 않는다면 연인이 절대로 당신의 마음에 그 어떤 '감정도 불러오게' 할 수 없다. 그는 당신이 허락한 감정만 당신 마음에 불러오게 할 수 있다. 유일한 예외는 구타로 인한 통증 같은 신체적 느낌이다.

이 구절을 읽으면서 아마 당신은 믿을 수 없다고 고개를 저었을지도 모른다. 혹은 무슨 말도 안 되는 소리냐며 화를 냈을 수도 있다. 어떤 감정을 느낄지 결정한다는 이야기부터 완전히 말도 안 된다고 느낄 것이다. 타인이 자신에게 고통을 줄 수 있다는 사실을 이별을 통해 바로 지금 몸으로 경험하고 있는데도 말이다. 당신은 지금 이 순간 당신을 떠나겠다는 그의 단순한 결정이 얼마나 당신의 몸과 마음 전체를 엉망으로 만드는지 직접 체험하고 있다.

그러나 흔들리지 않는 사실이 하나 있다. 헤어진 연인이 절대 돌아오지 않는다고 해도 앞으로, 다시 한번 강조하건대, 앞으로 어떤 감정을 느낄 것인지를 결정할 사람은 바로 나 자신이다.

다시 한번 사별의 사례로 돌아가 보자. 세상을 떠난 사람은 돌아올 수 없지만, 고통의 크기는 변할 수 있다. 사별 직후에는 그가 없는 세상을 살 수 있을 것 같지가 않다. 하지만 시간이 지나면 서서히 그의 죽음을 받아들이게 되고, 세간의 말처럼 그의 죽음을 '극복할' 수 있게 된다.

그렇게 되려면 먼저 생각이 바뀌어야 한다. 남은 사람이 상대가 죽었다는 생각에 서서히 익숙해지는 것이다. 그가 없는 삶을 꾸려나가기 시작한다. 그가 남긴 빈자리는 그 무엇으로도 메울 수 없겠지만, 그 빈자리를 바라보는 시각과 생각은 바뀔 것이다. 앞으로 영원히 빈자리만 바라볼 것인지, 아니면 다른 가능성에 눈길을 돌릴 것인지, 그건 오직 남은 사람의 결정이다.

당신은 의식적으로 상실의 극복에 영향을 미칠 수 있고 그 속도를 높일 수 있다. 그리고 그러는 당신 곁에서 돕는 것이 바로 이 책의 임무다.

왜 당신의 기분은 지금 같을까?

아마 그와 관계를 시작할 때 영원한 사랑과 관심, 이해를 그에게서 기대했기 때문일 것이다. 처음에는, 혹은 얼마 전까지만 해도 그는 당신의 기대를 어느 정도 채워주었을 것이다. 당신에게 사랑과 관심을 선사하고, 당신과 함께 밥을 먹고 이야기를 나누고 영화를 보고 사랑을 나누고 싸움을 하고 여행을 떠났을 것이다. 그랬기에 당신은 앞으로 그와 함께할 많은 계획을 세웠을 것이다. 그가 당신의 욕구를 넉넉히 채워주었기에 오래오래 이 관계를 이어가고 싶었을 것이다.

물론 그가 성격을 바꾸어서 좀 더 당신이 바라는 사람이 되기를 바랐을 수도 있다. 혹은 가망이 없다고 생각하면서도 혼자보다는 나으니 그냥저냥 관계를 이어왔을 수도 있다. 어쨌건 당신은 연인에게 당신을 행복하게 해줄 힘을 건네주었다.

그런데 그가 지금 당신과 헤어지기로 결심해버렸다. 그는 더 이상 당신의 욕구를 채워주지 않는다. 열심히 쌓았던 계획과 희망은 속절없이 무너졌다. 당신의 일상과 미래에는 그 무엇으로도 메우지 못할 큰 구멍이 뻥 뚫려버렸다. 이제부터 바꾸어야 할 습관이 수백 가지가 넘는다. 혼자 잠자리에 드는 습관부터 전기제품 서비스센터에 전화하는 습관에 이르기까지 이제는 모든 것을 혼자 해결해야 한다. 연인과 함께했던 상황이 되풀이될 때마다 먼저 그를 떠올리게 된다. 그리고 그는 이제 두 번 다시 당신과 함께하지 않으리라는 생각이 들면 이내 슬픔이 밀려올 것이다.

이 순간의 고통스러운 감정을 받아들이자. 그 감정은 당신의 그 모든 기대와 바람, 그와 함께 나눈 과거의 경험이 낳은 결과다. 그것을 단번에 지우거나 외면할 수 없다. 지금 이 순간 그것들은 여전히 당신 곁에 있다. 물론 이제부터는 생각과 감정을 바꿀 수 있다. 영원히 지금처럼 비참할 필요도 없고, 또 그러지도 않을 것이다. 당신의 감정은 지금 이 순간의 삶이 뜻대로 흘러가지 않는다는 증거다. 하지만 또 한편으로 그 감정은 미래를, 내일을 다르게 만들 수 있게 도와줄 당신의 유능한 도우미다.

이처럼 첫걸음은 감정을 인정하고 받아들이는 것이다. 그리고 나면 당신의 생각을 새로운 생각으로 대체해야 한다. 이때 알아야 할 것이 있다. 낡은 생각을 새로운 생각으로 바꿀 때 우리 마음에서 어떤 일이 벌어지는지를 알아야 한다.

생각 바꾸기의 과정

습관을 바꾸려면 반드시 5단계의 생각 바꾸기 과정을 거쳐야 한다. 이 다섯 단계는 산꼭대기로 가는 길에 당신이 만나게 될 여러 개의 걸림돌이다. 하지만 어디에 돌이 있는지 안다면 깜짝 놀라지 않을 것이고 걸려 넘어지지도 않을 것이다.

앞에서도 설명했듯 연인에게서 서서히 멀어지려면 마음으로도 그와 작별을 고해야 한다. 그와 함께하는 일상을 계획하려는 해묵은 생각은 여전히 남아 있다. 하지만 연인은 이미 이별을 고했으므로 당신은 이 해묵은 생각을 고쳐야 하고 바꾸어야 한다.

가령 관계가 끝났다는 사실을 받아들이겠노라 스스로 다짐한다고 가정해보자. 하지만 아무리 자신을 설득하고 다독여도 절망은 여전하다. 그래서 이런 기분이 든다. "내가 날 속이고 있어." "일부러 아닌 척하는 거야." "가짜야." "거짓말이야." 당신의 감정은 생각과 대립한다. 지금 자신에게 하는 말은 사실이 아니라는 기분도 든다. 당신은 자신을 믿을 수가 없다. 생각 바꾸기의 과정에 있기 때문이다. 이런 생각과 감정의 대립을 조금 더 쉽게 설명하기 위해 한 가지 사례를 들어보기로 한다.

일상의 사례

지금껏 커피에는 늘 설탕을 넣어 마셨다. 그런데 설탕이 건강에 좋지 않다기에 오늘부터 넣지 않기로 마음을 먹는다. 이런 결심을 한 후에 처음으로 커피를 내리면 무슨 일이 벌어질까? 아마 거의 자동으로 손이 설탕 쪽으로 향하게 되고, 당신은 "아차, 설탕을 넣으면 안 돼."라고 다시 한번 마음을 다잡아야 할 것이다.

그 커피를 한 모금 마시면 당신의 몸은 이렇게 말한다. "커피가 이상해. 설탕을 안 넣으니까 맛이 없어." 많은 사람이 설탕을 넣지 않고 커피를 마시지만, 당신의 몸은 커피는 설탕을 넣어야만 맛있다는 신호를 보낸다. 물론 당신의 몸이 태어날 때부터 설탕 탄 커피를 좋아했던 것은 아니다. 그동안 항상 커피에 설탕을 넣어 마셔온 습관의 결과다. 그러니 그 습관을 다시 바꿀 수도 있다.

그러자면 확고한 의지와 시간이 필요하다. 당신은 이제 커피를 마실 때마다 설탕을 넣지 않을 것이므로 몸도 설탕 없는 커피를 받아들여야 한다는 사실을 주지시켜야 한다. 그러니까 감정을 거슬러 행동해야 한다. 그러다 보니 스스로 자기 몸을 속이고 있으며, 몸이 진짜로 원하고 몸에 필요한 것을 주지 않는다는 기분에 젖게 된다. 하지만 커피가 맛이 없더라도 참고 견뎌야 한다.

자꾸 연습하다 보면 기적이 일어난다. 당신의 몸이 설탕 안 넣은 커피를 더 좋아하게 될 것이고 이제는 오히려 설탕을 넣으면 너무 달다고 생각하게 될 것이다.

물론 커피에 설탕을 넣지 않는 습관과 연인을 잃은 절망의 상태는 하늘과 땅 차이다. 그래도 우리의 두뇌와 몸은 모든 변화에 똑같이 반응한다.

어떤 습관의 변화도, 다시 말해 모든 생각 바꾸기는 아래의 5단계를 거친다.

1단계 이론적 인식

당신은 습관을 바꾸자고 결심하고 각오를 다진다. 기분과 행동을 바꾸기 위해서는 생각을 어떻게 바꾸어야 하는지 이론적으로는 잘 알고 있다.

2단계 연습

당신은 생각을 달리하여 행동을 바꾸는 연습을 한다.

3단계 머리와 가슴의 대립

기분이 이상하다. 당신의 감정과 생각이 충돌한다. 하지만 해묵은 습관만을 향하는 해묵은 감정은 외면하고 무시해야 한다.

4단계 머리와 가슴의 일치

당신의 생각과 감정, 행동이 일치한다. 하지만 새로운 생각에 익숙해지기 위해서는 아직 더 노력해야 한다.

5단계 새 습관

당신은 마침내 습관을 바꾸었다. 생각과 감정과 행동이 자동으로 흘러간다. 우리의 수많은 일상 행동은 사실 다 습관의 결과물이다. 습관 덕에 우리는 수월하게 일상을 살 수 있고 에너지를 많이 절약할 수 있으며 여러 행동을 별 위험 없이 동시에 할 수 있다.

습관은 우리가 여러 번 같은 방식으로 생각하고 행동할 때 생긴다. 그래서 습관이 들면 의식적으로 생각하지 않아도 자동적으로 행동한다. 덕분에 사람들은 각자의 방식으로 걷고 앉고 먹고 쓰고 웃고 인사를 건넨다.

이 모든 습관의 공통점은 습관대로 하지 않을 때 몸이 신호를 보낸다는 점이다. 다시 말해 몸이 뭔가 이상하다고 느껴 불쾌감이 들고 긴장을 하게 된다. 특히 3단계, 즉 머리와 가슴의 충돌은 습관을 바꾸려면 그 누구도 피해갈 수 없는 과정이다. 자발적으로 결심했든 지금 당신처럼 억지로 바꿀 수밖에 없는 처지든 상관없이 말이다. 몸은 오랜 시간 훈련하여 습관이 든 것만을 표현한다. 그래서 몸은 마음보다 새로운 상황에 대처하는 시간이 더 오래 걸린다. 하지만 생각은 몸에 명령을 내리는 선장이다. 몸은 선장의 명령을 수행하는 선원이다. 몸이 혼자 옳고 그름을 판단하고 결정할 수는 없다.

다음의 글을 통해 당신도 생각 바꾸기의 걸림돌이 구체적으로 어떻게 작동하는지 시험해볼 수 있을 것이다. 글을 읽으면서 당신은 아마 자신을 속인다는 느낌이 들 것이다. 하지만 앞에서도 설명했듯 생각을 바꿀 때는 일단 몸과 가슴이 반항하기 때문에 몸이 글의 내용을 믿는다는 신호를 보낼 때까지 매일 아래의 글을 읽으라고 당부하고 싶다. 그렇게 하면 당신의 생각이 훨씬 더 빨리 과거로부터 헤어 나올 수 있을 것이다.

아래의 글을 매일 시간 나는 대로 여러 번 큰 소리로 읽어보자. 녹음해놓고 매일 들어도 좋다. 아마 읽는 것보다는 녹음해서 듣는 편이 더 간편할 것이다.

나는 나다. 나의 감정과 경험은 세상에 단 하나밖에 없다. 연인이 나를 떠났다. 그래서 나는 무척이나 슬프고 아프고 외롭다. 어떨 때는 내가 세상에서 제일 불행하고 불쌍한 사람 같다. 그런 기분은 인간적이고 정상적이다. 누구든지 중요한 사람을 잃으면 슬프고 아프기 마련이니까.

나의 눈물은 그런 고통의 표현이다. 언제라도 눈물이 나면 나는 그 눈물을 슬픔의 신호로 이해할 것이다. 눈물은 내 것이고 내가 그 소중한 사람을 그리워한다는 증거다. 죄책감이나 불안, 고독이나 분노의 감정도 역시나 내 것이다. 어떨 때는 정말 아무것도 아닌 일에도 화가 날 것이다. 그것 역시 내가 슬픔의 여정을 걷고 있다는 증거로 생각할 것이다.

슬픔을 이기려면, 작별을 고하려면, 새로운 상황에 대처하려면 시간이 필요하다. 조급증이 일 때마다, 슬픔이 밀려올 때마다 나는 말할 것이다. 슬픔에도 시간과 노력이 필요하다고. 온전히 작별을 고하는 날까지 꼭 해야 할 일들을 묵묵히 해나갈 것이라고.

나는 슬픔을 견딜 수 있다. 공연히 지레 겁먹고 슬픔을 모른 척하거나 약과 술에 의지하지 않을 것이다.

상실과 작별도 인생의 일부다. 잘못을 저질러서 받는 벌이 아니라 내가 살아 있다는 증거다. 살아 있는 한 누구든 이런저런 상실을 겪기 마련이다. 어떤 상실은 금방 잊히지만, 내 인생을 송두리째 뒤흔들 상실의 경험도 있을 것이다. 상실을 받아들일 것인지, 아니면 운명을 원망할 것인지, 선택권은 내게 있다. 나는 받아들이는 쪽을 택할 것이다. 운명을 원망하며 증오해봤자 아무 도움이 안 될 테니 말이다. 나는 슬픔의 여정을 끝까지 걸어 다시 깨어난 기쁨과 행복을 느낄 것이다.

슬픔도 분노도 언젠가는 지나갈 것이다. 지금은 의미가 있지만 언젠가 의미를 잃고 말 것이다. 슬픔과 분노는 이별에 대한 나의 반응이며 그런데도 내가 새로운 삶의 의미를 찾고 있다는 신호다. 나는 다시 웃고 즐겁게 떠들 수 있을 것이다. 다시 자신감을 회복하고 새로운 능력을 키울 것이며 내 인생을 예전보다 더 아끼고 존중할 수 있을 것이다. 나 자신과 타인을 더욱더 이해할 수 있을 것이며,

나의 능력을 더욱더 굳게 믿을 수 있을 것이다. 나는 그 끔찍한 이별의 아픔도 거뜬히 이겨낸 사람이니까 말이다.

앞으로 나는 매일 매일을 열심히 살아갈 것이다. 나의 감정을 인정하고 나의 기분을 건강한 방식으로 표현할 것이다. 삶을 새로운 눈으로 보려 노력할 것이며 내 몸과 마음을 소중히 돌볼 것이다. 나는 내 인생의 책임을 오롯이 내 어깨에 짊어질 것이다. 나는 보살핌을 받아 마땅한 소중한 사람이니까.

chapter 03

1단계

인정하지 않으려는 단계

• • •

45세의 안나는 심한 우울감과 식욕부진, 수면장애 때문에 우리 상담실을 찾아왔다. 그녀는 벌써 두 번이나 자살을 시도했다. 앞으로 어찌 살아야 할지 막막했기 때문이다. 지금도 그녀는 매일 20알씩 진정제를 털어먹고, 잠도 수면제 없이는 도저히 잘 수가 없다.
그녀는 29년 전에 결혼해서 두 자녀를 두었다. 아이들은 이미 성인이다. 그녀와 남편은 벌써 10년 전부터 그냥 남 보기에만 부부였다. 육아와 집안일은 오로지 그녀 혼자만의 몫이었다. 남편은 그녀와 잠자리도 하지 않았고 그녀와 함께 외출하지도 않았다. 그러더니 결국 1년 전에 집을 나갔고 자기가 시간이 날 때 가끔 아이들을 보러 집에 들렀다.
그녀는 아무렇지도 않은 것처럼 행동했다. 혹시 남편에게 뭐라고 하면 그가 다시는 집에 오지 않을까 봐 겁이 나서 말도 함부로 하지 못했다. 언제라도 그와 다시 합칠 생각이었기에 남편이 나가고도 집을 그대로 두었다. 하지만 이제는 이런 기다림의 상태를 더는 참을 수가 없다. 몸도 마음도 한계에 이른 것 같다.
우리 상담실을 찾았을 때 안나는 1단계였다. 그녀는 지난 1년 동안 화해하리라는 희망을 품고서 하루하루를 견뎠다.

다음의 질문에 “예”라는 대답이 많다면 당신도 이별의 1단계다.

- 하루 종일 그의 전화를 기다리는가? 예 □ 아니오 □
- 예전에 둘이서 함께 쌓았던 추억을 매일 떠올리는가? 예 □ 아니오 □
- 연인에게 전화를 걸거나 만날 핑계를 찾는가? 예 □ 아니오 □
- 연인의 자동차를 보았거나 그의 목소리를 들었다고 생각했는데, 알고 보니 착각이었던 적이 많은가? 예 □ 아니오 □
- 당신의 사랑을 입증하기 위해 그에게 편지를 쓰는가? 예 □ 아니오 □
- 매력을 어필하여 그의 마음을 바꾸겠다며 자신을 열심히 꾸미는가? 예 □ 아니오 □
- 혹시 그가 집에 올까 봐 집에 항상 술이나 음식을 준비해두는가? 예 □ 아니오 □
- 그가 돌아올까 봐 집을 그대로 두었는가? 예 □ 아니오 □
- 연인의 소식을 기다리는가? 예 □ 아니오 □
- 연인을 유혹하여 마음을 돌리려 노력하는가? 예 □ 아니오 □
- “그럴 리 없어. 그는 돌아올 거야.” 속으로 계속 이 말을 되풀이하는가? 예 □ 아니오 □
- 연인에게 다시 한번 노력해보자고 매달리는가? 예 □ 아니오 □
- 다른 사람들에게 헤어졌다고 말하지 않았는가? 예 □ 아니오 □
- 그를 돌아오게 만들려고 질투심 유발 작전을 짜는가? 예 □ 아니오 □
- 죄책감을 일으켜 그의 마음을 움직이려 하는가? 예 □ 아니오 □

결혼하거나 동거를 시작할 때는 누구나 '죽는 날까지' 함께하리라 생각한다. 이혼이나 이별은 남들한테나 일어나는 일인 줄로만 안다. "나와 그에겐 일어나지 않을 일이야."라고 확신한다.

그런데 연인이 이별을 결심하다니 뒤통수를 제대로 맞았다. 당신은 믿고 싶지도 않고 인정하고 싶지도 않다. 당신이 쌓았던 동화의 성이 와르르 무너졌다. 어쩌면 몇 달 전, 혹은 몇 년 전부터 문제가 있다는 느낌을 받았는지도 모른다. 하지만 이렇게 이별하리라고는 꿈에도 생각하지 못했다. 걸핏하면 헤어지자고 협박을 해댔어도 설마 진심일 줄은 몰랐다.

이제 실제로 이별이 닥쳤고 우리는 고개를 저으며 이 사실을 거부한다. "그럴 리 없어." "이렇게 끝낼 수는 없어." "내가 더 잘할 거야." "그는 반드시 돌아올 거야." 이 모든 것이 꿈이라고 믿으며 눈을 뜨면 모든 것이 제자리로 돌아올 것이라 기대한다. 그와 함께 나눈 그 모든 추억과 미래의 계획을 이렇게 순식간에 포기하고 잊어버릴 수는 없다.

순식간에 대용품을 찾을 수도 없고 그 없이 혼자 씩씩하게 살 수도 없다. 깊은 구덩이로 굴러떨어진 참담한 심정으로 우리는 연인이 손을 내밀어 우리를 다시 끌어 올려주기를 바란다. 온몸이 굳은 듯 움직일 수도 없고 제대로 생각할 수도 없다. 그래서 많은 이가 이별하자는 통보에 울음을 터트리거나 아무 말도 못 들은 사람처럼 딴

청을 피운다. 그 말을 듣는 순간 자욱한 안개 속에서 헤매는 막막한 심정이 되기 때문이다.

이 끔찍한 '재앙'을 견딜 수 있는 유일한 방도가 부정이다. 부정은 갑작스럽게 대처할 수 없는 엄청난 위기가 닥쳤을 때 사람들이 보이는 정상적인 반응이다. 부정을 통해 힘을 모을 시간을 버는 것이다. 그 시간 동안 우리는 잠시 사건이 일어나기 전의 과거나 사건을 다 극복한 미래의 세상으로 물러날 수가 있다.

"그는 나랑 헤어지지 않을 거야. 조금만 기다려주면 만사 다 잘 될 거고 그도 돌아올 거야." 우리는 이런 생각에 빠져든다. 화해를 기대하는 동안에는 슬픔도, 분노도 없을 것이다. 특히 절대로 분노해서는 안 된다. 화를 내면 그가 더 멀어질 테니 말이다. 희망을 잃지 않으면 기대를 버리지 않아도 될 것이고 굳이 인생을 바꿀 필요도 없다. 우리는 이 상태에 머물러 있을 수 있다.

우리는 연인에게 다시 한번 잘해보자고 애원한다. 여전히 그를 사랑한다고, 잠시 시간을 두고 생각해보자고 부탁한다. 그러면 그는 이제 더는 이 관계를 견딜 수 없다고 대답할 것이다. 우리를 좋아하긴 하지만 사랑하지는 않는다고, 앞으로는 그냥 좋은 친구로 지내고 싶다고 말할 것이다. 또 자신의 감정에 대해 진지하게 고민을 해봐야겠으니 시간을 좀 달라고도 말한다. 아마 우리의 고통에 일말의 책임감을 느끼기 때문일 것이다. 하지만 어차피 그에게는 관계를 회복하고 싶은 마음이 없다.

가끔 연인에게 화가 나기도 한다. 그래도 그 화를 꾹꾹 눌러 참는다. 혹시 화를 냈다가 그를 영영 잃을지도 모르기 때문이다. 우리는 그에게 평소보다 더 다정하고 친절하게 군다.

이 단계에선 이런 의문이 든다. "왜 이렇게 되었을까?" 그는 오래전부터 몰래 이별을 생각하고 있었는데, 우리는 새까맣게 몰랐다. 상황이 이렇게 심각해질 때까지 전혀 눈치채지 못했다. 그렇다 보니 큰 실수를 한 것 같고 인생의 패배자가 된 것 같다. 부끄러워서, 친구들이 어떤 반응을 보일지 몰라서 우리는 아무에게도 헤어졌다는 말을 꺼내지 못한다.

당신이 지금 이 단계라면 치유의 첫걸음은 이별을 있는 그대로 받아들이는 것이다. 그래야 관계가 파경에 이른 이유를 분석할 수가 있다. 그래야 이별의 극복에 필요한 고통과 분노를 느낄 수가 있다. 그래야 다시 나을 수 있다.

관계가 끝났다는 사실을 인정하기가 고통스럽다는 점은 필자인 나도 잘 안다. 하지만 위기를 성장의 기회로 보려면 이런 고통을 거쳐야 한다. 이별과 죽음은 대부분의 사람이 큰 고통으로 느끼는 사건이다.

이별을 부정하지 말고 받아들이자. 앞으로 불행과 증오로 가득한 삶을 살 텐가? 이별은 자신을 더 많이 알고 더 강한 사람이 될 수 있을 절호의 기회다.

어떤 결정을 내릴 것인가?

헤어진 연인이 다시 돌아오리라는 희망에 젖어 있으면 절대 2단계로 나아가지 못한다. 당신은 영원히 그의 손아귀에서 벗어나지 못할 것이다. 행복해지자면 그가 필요할 테니 무조건 그를 기다려야 한다. 허사로 끝날지 모를 기다림에 목을 맬 것이다.

어쩌면 실제로 그가 다시 당신에게로 돌아올 수도 있다. 하지만 그럴 때도 그냥 사이가 '다시 좋아져서' 그가 집으로 들어오거나 예전처럼 파트너로 사는 방식은 안 된다. 한쪽이 이별을 결심했다는 것은 지금까지의 방식으로는 그 관계가 잘 유지될 수 없다는 신호다. 따라서 다시 함께 잘 지낼 수 있으려면 첫째로 양쪽이 만족할 만한 새로운 기반을 조성하겠다는 마음가짐이 필요하고, 둘째로 시간과 정말로 많은 대화가 선행되어야 한다.

그리고 다시 합칠 생각을 하기 전에 일단 4단계를 끝까지 거쳐야 한다. 고통이 두렵고 혼자인 것이 겁나서 서둘러 상처를 봉합해 버린다면, 앞으로 사는 내내 이별만 피할 수 있다면 무슨 일이든 다 감수하겠다는 그릇된 마음을 먹게 될 것이다. 혼자 행복할 줄 알아야 둘이서도 행복할 수 있다. 당신이 관계에서 바라는 바가 무엇인지를 알아야만 진정으로 만족하는 관계가 가능하다.

치유 과정을 시작하고 싶다면 그가 돌아오리라는 희망을 버려라. 당신의 생각이 당신의 감정을 결정한다. 생각이 오직 그의 귀환에만 쏠려 있다면 마음도 그를 향한 그리움으로 가득할 것이다. 그런 상황에서 그가 돌아오지 않는다면 새로운 고통과 실망이 밀려들 것이다. 관계가 끝난 것만 해도 마음이 아픈데 헤어진 연인을 계속 그리워하다가 그가 돌아오지 않아 실망한다면 고통이 두 배, 세 배가 된다.

헤어진 연인이 원치 않는다면 당신은 그의 사랑을 되찾을 수 없다. 하지만 그가 없이도 만족하게 사는 법을 배울 수 있다.

부정의 단계를 어떻게 뛰어넘을 수 있을까?

1 거울 앞에 서서 자신의 눈을 보며 큰 소리로 말한다. "관계가 끝났다는 사실을 받아들일 거야."

어떤 기분일지 잘 안다. 쉬운 연습이 아니다. 속으로 수천 번도 더 반항심이 일 것이다. 자신을 속인다는 기분이 들 것이다. 당신은 이별을 평생 받아들일 수 없을 것만 같다. 하지만 바로 그런 마음이 앞서 배운 생각 바꾸기의 걸림돌이다.

어쩌면 이 말을 하면서 울컥 눈물이 솟구칠지도 모르겠다. 눈물이 나면 울어라. 울어도 괜찮다. 눈물이 흘러도 이 문장을 하루 300번씩 되풀이하자. 꼭 거울 앞이 아니어도 좋다. 이 문장을 유행가 가사처럼 흥얼거리자. 내 마음 같지 않아도 그냥 따라 부르는 유행가처럼 시간 날 때마다 이 말을 중얼거리자.

처음에는 내용에 동의할 수 없을 것이다. 하지만 시간이 가면 마음으로도 관계의 끝을 받아들이게 될 것이다. 감정은 생각의 결과일 뿐이다. 이 순간 당신의 생각이 앞으로의 감정을 결정한다. 부정하지 않고 받아들이겠노라 목표를 세우자.

2 친구, 부모, 동료에게 이별을 알리자.

그가 돌아올 것이라고 누군가 말해주리라 기대해서는 안 된다.

3 최대한 그와 접촉하지 마라.

두고 간 옷이 있어도, 연인이 아파도 반드시 그를 보아야 하는 건 아니다. 그래도 꼭 만나야겠다면 혹시 그에게 아직 사랑이 남았는지 살피는 짓은 하지 말아야 한다. 연인이 (불쌍해서 혹은 죄책감 때문에) 다정하게 굴면 당신은 그것을 화해의 희망을 지피는 불씨로 생각하기 쉽다.

거꾸로 그가 아주 냉담하게 굴면 상처를 받을 것이다. 하지만 연인이 말로도 몸짓으로도 수미일관되게 관계가 끝났다고 알리는 것은 당장 마음이 아플지 몰라도 결국에는 당신에게도 도움이 된다. 그가 그럴 수 있으려면 당신이 그에게 죄책감을 불러일으키지 말아야 한다.

4 일단 다음 질문을 처음부터 끝까지 쭉 읽어보자. 당신과 그의 관계가 실제로 어떠했는지를 객관적으로 판단하는 데 도움이 될 것이다.

- □ 우리는 서로를 신뢰했는가?
- □ 상대를 있는 그대로 인정하려 했는가?
- □ 연인이 나를 인정한다고 느꼈던가?
- □ 우리는 관심사, 취미, 인생관이 같았는가?
- □ 갈등이 생기거나 의견이 갈렸을 때 서로 대화로 해결했던가?

- □ 나는 성장할 수 있었던가?
- □ 둘이서 같이 만나는 친구가 많았는가?
- □ 의견이 엇갈릴 때 타협점을 찾았는가?
- □ 나는 그를 믿을 수 있었는가?
- □ 서로에게 혼자 있는 시간을 허락했던가?
- □ 화가 나면 대화로 풀었나? 아니면 화나지 않은 척하거나 고약한 말로 상처를 주었던가?
- □ 둘이 함께하는 동안 마음이 편했는가?

일기장을 꺼내 이 질문을 바탕으로 삼아 지난 시간을 쭉 한 번 더듬어보자. 아마 관계가 오래전부터 삐걱댔다는 사실을 다시금 깨달을 수 있을 것이다. 이별이 닥치면 대부분의 사람은 관계를 이상화하여 이별을 더 힘들게 만드는 경향이 있다. 긍정적이고 유일한 것은 포기하기가 쉽지 않은 법이니까 말이다.

어쩌면 당신도 전부 다 나쁘지는 않았다고 생각하고 있을 것이다. "둘이 보낸 시간이 적기는 했지만 그래도……"라고 생각한다. 이것이 바로 인정하지 않으려는, 부정하려는 목소리다. 여기에 슬픔이나 분노도 같이 느낀다면 이미 당신은 다음 단계를 향해 한 걸음을 내디딘 것이다.

5 이 장의 첫 부분에서 물었던 질문들을 다시 한번 살펴보면서 당신이 얼마나 앞으로 나아갔는지 점검해볼 수 있을 것이다.

"아니오"라는 대답이 많을수록 이별을 받아들이려는 마음이 더 커진 것이다.

2단계

감정의 폭발 단계

chapter 04

• • •

감정을 억지로 억누르거나 잊기 위해 술이나 약이나 음식을 먹고 마셔대지 않는다면 이별을 깨닫는 과정에서 누구에게나 부정적인 감정이 밀려든다. 이미 연인을 향한 마음을 완전히 접은 사람만이 이별에도 담담할 수 있는 법이다.
대부분의 사람은 이별하고 나면 불안, 분노, 증오, 우울, 열등감, 고독, 죄책감을 느끼고, 신체적인 증상도 다양하게 겪는다.
이번 장에서는 그 감정 반응을 하나씩 자세히 살펴볼 것이다. 당신이 지금 가장 강하게 느끼는 감정을 찾아 해당 부분을 읽어보자. 아마 자신의 감정을 이해하고 대처하는 데 도움이 될 것이다. 당신이 느끼는 모든 감정은 정당하며, 중요한 사실을 가르쳐주는 무언의 메시지다.

모든 감정의 뿌리는 많건 적건 의식적인 자세에서 비롯한다. 설사 부정적인 감정이 솟구치더라도 너무 놀라지는 말자. 2단계에서는 심한 감정 기복이 당연한 증상이다. 이는 1단계에서 2단계로 나아가고 있다는 증거다. 이 감정은 당신의 인생에 근본적인 변화가 일어났다는 사실을 말해준다. 당신의 연인은 떠났고 당신이 그 사실을 받아들인다는 증거인 것이다.

살다 보면 만사가 내 손아귀에 들어온 듯한 순간도 있지만, 반대로 자신마저, 자신의 감정마저 뜻대로 안 되는 순간도 있다. 내가 이러다 미쳐서 정신병원에 가는 것은 아닌가 싶을 때도 있다. 아무것도 아닌 일에 벌컥 화를 내고 별말 아닌데 상처를 받고, 노를 잃은 배처럼 속수무책으로 떠다니는 그런 아득한 심정이다.

2단계는 네 단계 중에서 가장 난이도가 높은 코스다. 화해의 희망을 버리고 나면 고통스러운 감정이 봇물 터지듯 터져 나온다. 그래서 적지 않은 사람들이 이 단계에서 더 나아가지 못하고 그만 갇혀버린다. 만성 우울증에 걸리거나 인간을 미워하는 사람이 되고 마는 것이다. 그러지 말자. 용기를 내어 계속해서 앞으로 나아가 보자.

다음의 내용을 잘 읽고 열심히 연습한다면 당신은 무사히 2단계를 이겨낼 수 있을 것이다. 고통과 절망의 감정부터 시작해보자. 대부분의 사람이 이별하면 이 감정을 가장 강렬히 느낀다고 하니 말이다. 또 지금 이 순간 당신은 안 그럴 것 같겠지만, 2단계에서는 분노와 증오도 많이 느낀다고 한다.

어쩌면 몇 번이고 다시 1단계로 굴러떨어질지도 모른다. 가령 전 연인이 당신의 생일에 축하 전화를 하거나 친구를 통해 인사를 전하는 경우처럼 말이다. 그러면 작은 희망의 불씨가 되살아난다.

그런 호의에 면역이 될 만큼 아직 충분히 그에게서 멀어지지 못했기 때문이다. 당신의 생각은 새로운 목표를 향하기보다 과거의 바람과 계획에 집중하는 편이 더 수월하다.

물론 그랬다가도 그의 인사가 그냥 인사로 그치고 말면, 이혼 변호사에게서 연락이 오면, 새 사람과 함께 있는 그를 볼 때면 다시 온갖 감정이 밀려들면서 2단계로 올라서게 된다.

잊지 말자. 헤어진 연인이 친절을 베푸는 이유는 그저 죄책감을 덜고 싶기 때문이다. 절대 당신에게 돌아가고 싶어서가 아니다.

"다 끝났어. 난 평생 불행할 거야." - 절망에 빠지다

35세의 루트는 종종 우울증과 자살 충동 때문에 우리 상담실을 찾아왔다. 식욕부진과 설사도 심하다고 했다. 그녀는 벌써 여러 차례 이런 문제를 겪었는데, 매번 파트너와 결별하고 난 후였다. 마지막 남자친구는 6년을 사귀었고 헤어진 지가 벌써 1년이나 지났건만, 여전히 그녀는 삶이 무의미하다고 느꼈다. 마음이 휑하고 사는 낙이 없다고 했다. 친구를 만나는 것도 귀찮고, 그럴 기력도 없었다. 온종일 침대에 드러누워 잠들었다. 이대로 깨어나지 않았으면 좋겠다는 생각만 했다.

살고 싶은 마음이 없다 보니 꾸미지도 않았고 잘 씻지도 않았다. 그녀가 남자친구를 사귀는 이유는 '사랑받는다는 기분을 느끼고' 싶어서다. 그러다 보니 남자친구가 떠날까 봐 겁이 나서 화가 나도 참고 원하는 것이 있어도 표현하지 않았다.

그녀는 자신의 인생관을 이렇게 표현했다. "난 아무것도 아니에요. 할 줄 아는 것도 없어요. 그러니까 사랑받을 수만 있다면 무엇이든 참을 수 있어요. 사랑받을 수만 있다면 무시당해도 좋고 물건 취급받아도 좋아요."

우리 상담실을 찾을 당시 그녀는 이별의 2단계였다. 인생에서 제일 중요한 남자친구가 떠났기 때문에 삶의 끈을 놓아버린 상태였다.

다음의 질문에 "예"라는 대답이 많다면 이 순간 당신도 절망과 패배감, 낙담에 빠져 있을 것이다.

- 인생이 무의미한가? 예 □ 아니오 □
- 이제 두 번 다시 행복하지 못할 것 같은가? 예 □ 아니오 □
- 자살을 생각했거나 시도한 적이 있는가? 예 □ 아니오 □
- 직장, 집안일, 취미, 아이들조차 다 귀찮기만 한가? 예 □ 아니오 □
- 집 안에만 틀어박혀 있는가? 침대에만 누워 있는가? 예 □ 아니오 □
- 사소한 일상도 견디기가 힘들고 사소한 결정도 내릴 수가 없는가? 예 □ 아니오 □
- 실패했다는 기분이 드는가? 예 □ 아니오 □
- 어찌해야 할지 모르겠는가? 예 □ 아니오 □
- 버림받았다는 기분이 드는가? 예 □ 아니오 □
- 아침이면 일어나고 싶지 않은가? 예 □ 아니오 □
- 아무 일도 아닌데 걸핏하면 눈물이 나는가? 예 □ 아니오 □
- 행복한 커플을 보면 눈물이 나는가? 예 □ 아니오 □
- 외모에 신경을 끄고 사는가? 예 □ 아니오 □
- 좋았던 추억만 되새기는가? 예 □ 아니오 □
- "왜 나한테 이런 일이 일어났을까?" 계속 그 생각뿐인가? 예 □ 아니오 □
- 마음에 구멍이 뻥 뚫린 것 같은가? 예 □ 아니오 □

당신은 지금 이별의 가장 힘든 단계에 있다. 하지만 이 단계는 치유 과정의 가장 중요한 부분이기도 하다. 슬픔은 이별의 일부이지만, 또 한편으로는 새로운 시작의 기회를 선사하니까 말이다.

죽음이든 이별이든 소중한 사람을 잃는 일은 살면서 겪을 수 있는 가장 아픈 경험이다. 당연히 견디기가 쉽지 않기에 대부분의 사람이 가장 먼저 보이는 반응은 현실을 부정하고 다시 잘 되기를 바라는 것이다(1단계). 그러다 그 희망을 접고 나면 분노와 죄책감 곁으로 슬픔과 우울감이 밀려든다.

칼에 베인 듯 우리 마음에 큰 상처가 났다. 마음에 커다란 구멍이 뚫려 아무리 메우려 해도 메워지지 않는다. 그래서 사람들은 술을 마시고 약을 털어먹고 쉬지 않고 음식을 욱여넣는다. 그것만이 잠시나마 고통을 잊을 수 있는 유일한 방법이기 때문이다.

평생 이렇듯 무기력하고 외로웠던 적이 없다. 온 세상이 무너진 기분이다. 손가락 하나 까딱할 힘도 남아 있지 않고 이 세상에서 하고 싶은 일이 없다. 자살 생각이 수시로 난다. "다 끝났어.", "어떻게 살아야 할지 모르겠어."와 같은 생각이 시도 때도 없이 밀려온다.

그 결과 아무것도 하기 싫고 무기력하며 우울하다. 지금껏 모든 것을 연인과 함께했다. 그런데 이제 우리는 까마득한 절벽 아래로 굴러떨어져 버렸다. 아무짝에도 쓸모없는 인간 같고 아무것도 못하는 무능한 인간 같다. 특히 그동안의 삶이 연인을 중심으로 굴러갔다면 정말이지 모든 것이 무너져 내린 기분일 것이다.

"행복하려면 연인이 필요해. 여기 이 사람만이 내게 행복을 줄 수 있어."와 같은 마음가짐으로 관계를 시작했다면 두 번 다시는 행복할 수 없을 듯할 것이다. 이별이 가져다준 새로운 상황 앞에 우리는 어찌할 바를 모르고 서성인다. 연인이 선사했던 역할의 옷도 벗어야 한다. "……의 아내, 연인이 아니라면 나는 대체 누구란 말인가?" 혼란과 절망이 마음을 어지럽힌다.

이별로 인해 우리가 잃어버리는 것들

- ☐ 연인의 좋은 점과 나쁜 점
- ☐ 그와 함께 만든 습관
- ☐ 함께 짠 미래의 계획들
- ☐ 관계가 선사했던 안정
- ☐ 아내 또는 남편의 역할
- ☐ 애인의 역할
- ☐ 커플의 지위
- ☐ 경제적 안정과 일정한 생활수준
- ☐ (경우에 따라서는) 자녀
- ☐ (경우에 따라서는) 집

이별로 인해 우리는 어쩔 수 없이 자신의 능력을 고민하게 된다. 혼자서도 씩씩하게 잘 사는 독신이라는 새로운 역할에 힘들여 적응해야 한다. 사랑이 모든 것을 해결해준다고 사람들은 말했다. 사랑이 안정과 행복과 기쁨과 힘을 준다고 말이다. 하지만 사랑하는 사람이 어느 날 갑자기 우리를 떠난다면 어떤 일이 일어날지, 그건 누구도 당신에게 가르쳐준 적이 없다. 그리하여 당신은 여전히 사랑하는데도 어찌할 바를 모르고 절망의 늪에서 허우적거린다.

사랑이 주는 행복은 누군가에게 사랑받는다는 기분에서 나온다. 하지만 그 행복은 세상 누구도 보장해줄 수 없다. 사랑하는 사람이 어느 날 문득 이제 더는 우리를 사랑하지 않는다면 어쩔 것인가? 우리가 할 수 있는 것은 아무것도 없다. 그래서 무력감과 자괴감이 밀려든다.

갑자기 떠난 그 사람과 그와 나누었던 아름다운 추억 말고는 아무 생각도 안 난다. 이제는 '두 번 다시 그와 함께 나눌 수 없을' 온갖 일들만이 머리를 가득 메운다. 그 무엇도, 그 누구도 그를 대신할 수 없다.

우리는 금단현상에 시달린다. 중독 물질을 끊은 중독자처럼 오직 그 사람만 생각한다. 그와 함께했던 일을 혼자 할 때면 심장을 칼로 도려내는 것처럼 아프다. 사소한 것들도, 예전 같으면 절대 좋아할 수 없었을 그의 면모도 이제는 다 너무나 사랑스럽다. 예전에는 관심도 없었던 물건들이 이제는 절대 포기할 수 없는 소중한 추억이 된다. 헤어진 연인은 대체할 수 없는 백마 탄 왕자님으로 변신한다. 세상 그 누구도 우리만큼 이렇게 비참하고 외롭지는 않을 것 같다. 그 고통을 가슴에 안고 우리는 세상과 담을 쌓는다. 두 번 다시 그의 사랑을 되찾을 수 없을 것이다. 그러니 삶은 아무 의미가 없다. 우리는 반쪽짜리 인간이다. 나머지 반쪽 없이는 도저히 혼자 살아갈 수가 없다.

시도 때도 없이 떠오르는 그와의 추억을 막을 수가 없을 것 같다. 그를 되찾을 수 없으니 사는 낙이 없다. 우리는 덫에 걸려 빠져나올 수 없다. 우리의 절망은 헤어진 연인이 원인이다. 그러니 그가 돌아오지 않는다면 우리는 절망에서 헤어 나오지 못할 것이다. 그는 영영 돌아오지 않을 텐데도 말이다.

그러나 이는 사실이 아니다. 우리는 우리의 감정을 통제할 수 있다. 우리가 지금 절망하는 이유는 우리 스스로 과거의 삶을 그렇게 살아왔기 때문이다. 연인에게서 영원한 사랑과 지지를 바랐기 때문이다. 우리는 그에게 권력을 선사했다. 우리의 행복과 기쁨을 그의 손에 맡겨버렸다. **이제 우리는 얼마나 절망에 빠져 있을지를 스스로 결정할 수 있다. 연인이 돌아오기를 기다릴 필요가 없다.** 우리가 통제할 수 없는 것은 단 하나, 연인의 기분과 행동뿐이다.

연인은 우리의 고통을 치유하는 약이 아니다. 우리가 가여워서 그가 다시 돌아온다 해도 그건 우리에게 아무 도움이 안 된다. 설사 다시 화해하더라도 그전에 그가 없이도 행복하게 사는 법을 배워야 한다. 그렇지 않다면 그가 또 우리를 떠날지 모른다는 불안에서 헤어 나오지 못한다.

"절망은 없어요. 다만 마음이 말라 죽어버린 것 같아요."

이별을 인정했더니 마음이 휑하고 머리가 멍하다는 사람이 많다. 누군가 커다란 유리 뚜껑을 덮어놓은 것 같다. 바깥의 자극이 안으로 들어오지 못하고 안의 자극이 바깥으로 나가지도 못한다. 세상만사가 비현실적이다. 정신을 바짝 차리고 감정을 억제하지 않으면 미친 사람처럼 날뛸 것 같아 겁이 난다. 고통이 밀물처럼 덮쳐와 평생 그 고통에서 헤어날 수 없을 것 같다.

매일 자살 생각만 하는 사람들도 있다. 이 시점엔 환각도 자주 나타난다. 연인이 없는데도 그의 목소리를 들었거나 거리에서 그를 보았다고 착각한다. 내가 미쳤나? 너무 겁내지는 말자. 그와 화해하기를 애타게 바라고 온종일 그를 생각하다 보니 나타나는 증상일 뿐이다.

"눈물밖에 안 나요. 세상에 나만큼 불쌍한 사람이 또 있을까요?"

"남의 고뿔이 내 손톱 밑 가시보다 못하다."라는 속담이 있다. 세상에서 제일 아픈 것은 자기 고통이다. "나만큼 불쌍한 사람이 또 있을까?"라는 생각은 자기 연민을 불러온다. 자신의 아픔이 너무나 안타깝다. 물론 이런 심정도 지극히 정상이니 혹시 내가 너무 이기적일까 걱정할 필요는 없다. 하지만 자기 연민은 결국 자신을 피해자로 보는 태도다. 타인이, 특히 연인이 돌아와야 우리를 구원할 수 있는 것이다. 자기 연민을 그치고 자신에게 말해야 한다. "넌 힘이 없지 않아. 넌 불쌍하지 않아. 네겐 엄청난 힘이 있어. 혼자 일어설 수 있을 거야." 그래야 절망을 이겨낼 수 있다.

이 순간 앞이 안 보이는가? 세상이 너무 막막한가? 그래도 이제 그만 연민을 멈추고 절망을 이겨내기 위해 무엇이든 하고 싶은가? 그렇다면 다음의 내용을 잘 읽어보자.

어떻게 하면 절망에서 벗어날 수 있을까?

1 이 순간의 절망과 슬픔을 인정하고 받아들이자.

절망과 슬픔은 당신이 소중한 뭔가를 잃었다는 사실을 말해준다. 당신은 이제부터 연인이 남기고 간 가슴의 큰 구멍을 새로운 인생관으로 메워나가야 한다. 그러자면 시간이 필요하다. 사별 후의 슬픔이 당연하듯 이별 후의 슬픔도 지극히 당연하다. 새로운 상황에 대처할 시간을 자신에게 선사하자. 이런 말로 자신을 다독이자. "슬픔을 인정하고 받아들이자. 울어도 좋고 슬퍼해도 좋아. 정말로 소중한 사람을 잃었으니까."

"남들은 이별하고도 금방 툭툭 털고 일어나던데, 나는 왜 이렇지?" 이런 고민은 쓸데없다. 이별에도 각자의 시간이 있는 법이다.

2 직장에서는 감정을 자제하자.

직장에선 연인 생각이 나더라도 털어내려 노력해야 한다. "지금은 아냐. 여긴 직장이야." 필요하다면 하루 수백 번이라도 고개를 저어 추억을 털어내야 한다.

3 하루 한 시간 따로 시간을 정해 슬픔과 절망을 일기장에 표현해 보자.

고통과 슬픔에 하루 한 시간을 따로 선사한다면 감정 통제가 훨씬 수월할 것이다. 감정을 억눌러서도 안 되겠지만, 그렇다고 온종일 감정에 휘둘려서도 안 될 일이다. 시간을 정해 그 시간에만 고통스러운 추억과 생각에 푹 젖어보자. 추억이 찾아오는 것은 정상이지만, 언제 어디서 추억을 만날지는 스스로 선택할 수 있다. 아마 서서히 고통도 줄어들 것이다.

물론 고통과 감정을 억지로 짓눌러서는 안 된다. 잘못하다가는 두통이나 위염, 관절염 같은 심신질환으로 발전할 수 있다.

4 일기장에 편지를 써서 연인이 남긴 것들과 작별해보자.

작별의 편지를 적어보자. 연인의 긍정적인 측면과 부정적인 측면을 모두 떠나보내자. "그의 그 부드러운 손길과 작별할 거야. 정리의 정 자도 모르는 당신의 그 무질서한 습관과도 작별할 거야." 물론 편지를 부치지는 않는다.

쓰다 보면 슬픔이 밀려들 것이고 분노가 치솟기도 할 것이다. 그래도 좋다. 잘했다고 자신의 어깨를 톡톡 두드려주자. 또 한 번 큰 걸음을 내디뎌 고통을 허락할 줄 알게 된 당신, 참 장하다.

5 연인에게 받은 것이 무엇인지, 지금 얼마나 그것이 그리운지 생각해보자.

그에게서 받았던 것들을 다른 곳에서 찾을 수 있을까? 그렇다면 해보자. 연인이 아닌 다른 방법으로 만족과 행복을 느낄 수 있다면 더는 무기력하지 않을 것이다.

처음에는 살짝 반발심이 일 수도 있다. "세상 그 무엇도 그를 대체할 수는 없어. 그가 돌아오지 않으면 행복도 없어." 이런 마음 역시 산꼭대기로 가는 길의 걸림돌이다. 하지만 최선만이 길은 아니다. '차선'도 길이다. 피해자 역할놀이보다는 차선이 훨씬 낫다.

6 친구들을 만나 정을 나누자.

하지만 친구들한테 신세 한탄만 내내 늘어놓아서는 안 된다.

7 정신이 들거든 뭐가 하고 싶은지 리스트를 쭉 적어보자.

중요도에 따라 하고 싶은 일을 순서대로 정리한 후 제일 중요한 것부터 시작해보자. 가령 "은행 가기", "변호사한테 전화하기", "집 구하기", "친구한테 전화하기", "여성교육센터 방문하기", "장보기", "카센터 가기", "미용실 가기", "병원 가기" 등등, 하나라도 무사히 끝내거든 체크를 하고 자신에게 칭찬과 상을 주자.

지금은 사소한 일도 너무너무 힘들게 느껴질 것이다. 그래도 하나씩 처리해나가다 보면 언젠가는 편안해질 날이 올 것이다.

8 그럴 마음이 안 나겠지만 그래도 조금이라도 몸과 외모에 신경을 쓰자.

갑자기 이별을 당하면 대부분의 사람이 충격 탓에 외모를 소홀히 한다. 연인에게 버림받은 인간이 외모는 가꾸어 뭐하겠냐는 심정이 된다. 그렇지 않다. 그럴수록 더욱 자신을 가꾸고 보살펴야 한다. 미용실에 예약하고 옷도 한 벌 사 입고 마사지도 받아보자.

9 연인을 떠올리는 물건은 따로 모아 치우자.

커플링을 빼고 벽에 걸어둔 사진을 떼고 욕실에 있는 그의 향수,

서랍에 든 그의 편지를 꺼내 큰 상자에 집어넣은 후 창고나 옷장 위로 올려두자. 버리는 일은 나중에 해도 되니 급할 것 없다. 지금은 물건을 보며 그를 떠올리고 고통에 몸부림치지 않는 것이 급선무다. 물건을 방치하여 볼 때마다 그를 떠올리는 일은 자꾸만 손가락으로 쑤셔 상처를 덧나게 하는 행위와 같다. 좋았던 시절의 유물을 들여다본다고 해서 그가 다시 돌아오지도 않고 치유의 시간만 늘어날 뿐이다. 몽땅 모아 상자에 넣어서 눈에 보이지 않는 곳으로 치우자.

그 대신, 평소 갖고 싶었던 몇 가지 물건으로 집에 변화를 꾀해보자. 쿠션을 바꾸고 화분을 새로 사고 양탄자를 바꾸어보자. 다 소용없다며 몸이 말을 안 듣겠지만, 그래도 힘을 내서 조금이라도 변화를 주어보자. 이 기회에 집을 당신만의 왕국으로 만들어보자.

10 헤어진 연인을 만날 수 있는 장소는 피한다.

11 절대 먼저 전화하지 않는다.

꼭 하고 싶은 말이 있다면 일기장에 적는다. 적은 글을 그에게 보내서도 안 된다.

9, 10, 11번은 일정 기간에만 해당하는 사항이다. 연인을 떠올릴 수 있을 모든 것을 평생 기피하라는 말이 아니다. 고통스러운 심경을 이겨내고 편안한 마음으로 추억을 떠올릴 수 있을 때면 다시 온

세상이 두 팔 활짝 열고 당신을 맞이할 것이다.

12 자살 생각이 자꾸 나고 혼자서 어찌할 방도가 없을 때는 즉각 병원이나 상담실로 달려간다.

자살예방상담센터는 24시간 운영된다. 신상을 알리지 않고도 속내를 털어놓을 수 있다. 전화기 저편에서 전문가가 끈기 있게 당신의 이야기를 들어줄 것이다. 아무리 고통스러워도 이 감정은 언젠가 지나간다. 비록 이 순간에는 절대 지나갈 것 같지 않겠지만. 내 말을 믿어라. 반드시 지나간다.

13 술, 약, 폭식, 마약은 금물이다.

먹고 마셔서 잠깐 동안 고통을 잊을 수는 있겠지만, 마약이나 약물이 고통을 치유해줄 수는 없다. 먹고 마실수록 복용량만 자꾸 늘어나서 결국 엎친 데 덮친 격으로 문제만 더 커진다. 이별의 고통에 중독의 문제까지 더해질 테니 말이다.

14 절대로 고통 때문에 무너지지 않는다.

당신은 고통과 절망을 이겨낼 수 있다. 고통은 지나간다. 과연 그런 날이 올까? 앞이 안 보여 막막하다면 "오늘 하루만 더 살아보자."라고 결심해보자. 그렇게 하루하루 구체적인 목표를 달성하다 보면 어느 사이 마음도 편해질 것이다.

15 발전을 점검하자.

이 장을 시작할 때 던졌던 질문으로 그사이 얼마나 발전했는지 점검해보자. "아니오"라는 대답이 많다면 이미 많이 회복된 것이다.

"나 혼자라니 너무 막막해."
- 외로움과 불안감이 밀려온다

37세의 롤프는 혼자 된 지 3주인데 너무 외로워서 우리 상담실을 찾아왔다. 그는 12년 전에 결혼해서 두 자녀를 두었지만, 얼마 전 아내와 헤어지면서 아이들과도 같이 살지 못하게 되었다.

그의 말을 들어보면 아내가 먼저 이별을 통보했다. 셋째를 바라는 남편과 달리 자신은 아이를 더 낳고 싶지 않았고, 또 롤프와 같이 사는 것이 행복하지 않다는 이유였다. 집을 나와 따로 살게 된 이후 그는 통 잠을 잘 수가 없었다. 불안도 심하고 무엇보다 외롭기 때문이었다. 밤이나 주말이면 증상은 더욱 심해졌다.

그는 한 번도 혼자 살아본 적이 없었다. 그래서 꼭 부모에게 버림받아 혼자 남은 고아처럼 마음이 허전하고 막막했다. TV도 책도 눈에 들어오지 않았고 아내와 아이들 생각밖에 안 났다. 뭘 해도 즐겁지가 않았다. 집에 있으면 숨이 막혀서 밤에 친구들을 만나기도 했지만 별 소용이 없었다. 괜히 울적한 표정으로 친구들 기분만 잡

치는 것 같았다.

다시 예전으로 돌아갈 수 있다면 얼마나 좋을까? 아이들이라도 자주 보면 좀 나을 것 같다. 아이들을 그가 키울 수 있으면 제일 좋을 테지만 그럴 여건이 안 된다. 집을 나온 후 그는 줄담배를 피운다. 이렇게 살다가는 제명에 못 죽을 것 같다. 가족 없이 혼자 살아갈 삶이 도저히 상상이 안 된다.

롤프는 외로움으로 힘들어했다. 혼자서도 잘 살 수 있는 법을 배워야 했고, 새로운 인생의 의미를 찾아야 했다.

다음의 질문에 "예"가 많다면 당신 역시 외로움과 불안에 시달리는 중이다.

- 혼자서는 도저히 견딜 수 없을 것 같은가? 예 □ 아니오 □
- 앞으로 두 번 다시 연인을 찾을 수 없을까 봐 걱정이 되는가? 예 □ 아니오 □
- 세상이 무너진 것 같고 혼자서는 다시 일어날 수 없을 것 같은가? 예 □ 아니오 □
- 혼자서 병이 들거나 늙은 자신의 모습을 계속 떠올리는가? 예 □ 아니오 □
- 혼자서는 영화관이나 식당에 못 가겠는가? 예 □ 아니오 □

- 밤이면 숨이 막히는 기분인가? 예 □ 아니오 □
- 혼자 집에 있기가 겁나는가? 예 □ 아니오 □
- 집에 있으면 한시도 가만히 있지를 못하고 서성이는가? 예 □ 아니오 □
- 병적으로 일을 벌이는가? 예 □ 아니오 □
- 혼자 집에 있기가 겁나는가? 예 □ 아니오 □
- 집에 있으면 한시도 가만히 있지를 못하고 서성이는가? 예 □ 아니오 □
- 병적으로 일을 벌이는가? 예 □ 아니오 □
- 혼자 있기 싫어서 아무한테나 연락하는가? 예 □ 아니오 □
- 혼자 있을 때는 불을 못 끄고 온종일 라디오나 TV를 켜놓는가? 예 □ 아니오 □

이별과 함께 머나먼 길이 시작되고, 그 길엔 고독과 외로움이 가득하다. 평생 한 번도 경험해 본 적 없는 뼈에 사무치는 외로움이 사지를 꽁꽁 묶어 옴짝달싹할 수가 없다.

이별이 가져다줄 외로움을 살펴보기 전에 먼저 과연 외로움의 본질이 무엇인지부터 알아보기로 하자. 외로움은 인간적인 감정이다. 상황에 따라 우연인 듯 갑자기 밀려올 수도 있고 상당 기간에 걸쳐 지속할 수도 있다. 외로움은 언제 어디서나 느낄 수 있다. 혼자 있어도, 연인이랑 같이 있어도, 심지어 많은 사람 속에서도 외로움이 밀려온다. 외로운 사람은 마음만 외롭지 않고 신체적인 증상이 동반될 때가 많다.

외로움을 혼자만의 뜻깊은 시간으로 바꿀 수 있다

혼자 있는 것과 외로움은 전혀 상관이 없다. 아무래도 혼자 있을 때 외로움을 느끼기가 더 쉽지만, 혼자 있어도 외로움을 전혀 타지 않는 사람도 많다. 외로움은 사람이 그립고 혼자 있고 싶지 않은 마음이다. 자신이 따분하고 자신이 싫고 자신이 만족스럽지 못한 상태다. 혼자라서 모두가 반드시 외로움을 느끼는 것은 아니다. 혼자 있어도 느긋하고 오히려 사람들과 함께 있을 때보다 더 편하고 좋다는 사람도 많다.

외로움은 혼자 만족하지 못하고 자신을 인정하지 못할 때 생긴다. 문제를 대신 해결해주는 사람들이 늘 곁에 있었는데 갑자기 그 사람들이 사라지면 외로움이 생기는 것이다. 또 인생의 의미를 찾지 못할 때도 외로움이 밀려든다.

또 외로움이라고 해서 다 같은 외로움은 아니다. 순간적인 외로움, 일시적인 외로움, 만성적인 외로움을 구분해야 한다. 낯선 도시로 이사가거나 직장을 옮겼을 때, 새로운 상황에 처했을 때는 거의 모든 사람이 잠시나마 고립감과 외로움을 느낀다.

연인과 이별했을 때도 외로움을 느낄 수밖에 없다. 늘 함께하던 사람이 갑자기 사라졌으니 말이다. 그 감정은 곧 관계를 상실했으므로 새로운 상황에 적응해야 한다는 신호다.

건강한 성인은 혼자 자족하며 살 능력이 있다. 우리는 젖먹이 시절 어른에게 온전히 의존하며 살았지만, 자라면서 차차 독립의 능력을 길렀다. 하지만 온전히 독립하기도 전에 이 배움의 과정을 도중에 멈추어버린 사람들이 있다. 부모님 밑에서 살다가 바로 결혼해서 평생 한 번도 혼자 살아본 적이 없는 사람들이다. 이들은 혼자서 만족하며 살아본 경험이 없다. 혼자서 일상의 온갖 일들을 처리해본 적도 없다.

이런 사람들은 이별을 통해 혹독한 어른의 맛을 보게 된다. 그동안은 연인에게 인생과 행복의 책임을 떠넘기며 살았다. 따라서 아마 지금의 불행도 헤어진 연인 탓이라고 생각할 것이다. 연인과 함께 인생의 버팀목이 사라져버렸으니까 말이다. 오랜 시간 연인에게 자신의 전부를 맡겼으니 이제 자신을 찾아야만 한다. 새로운 역할을 찾아 몸에 익혀야 한다. 혼자 먹고 자고 여행하고 놀고 아이 키우는 법을 배워야한다. 그뿐만이 아니다. 오래도록 곁을 지켜준 친구들마저 잃을지 모른다. 내 경험상 연인이 사라지면 연인과 함께 만나던 친구들도 많이 떠나버리니까 말이다.

어린 시절 우리는 훗날 이상형의 파트너를 만나 결혼할 것이라고 상상한다. 그래서인지 혼자서 행복하게 잘 사는 미래를 구체적으로 생각하며 자란 사람은 많지 않다. 이처럼 우리가 싱글의 삶을 준비하지 못하는 데는 사회의 몫도 크다. 우리 사회는 여전히 독신 남녀에게 '노처녀, 노총각', '부적응자' 같은 부정적인 꼬리표를 붙여 '뭔가 정상이 아니다'라는 인상을 심는다.

혼자 사는 사람은 실패한 인생으로, 마음에 드는 사람을 찾지 못한 무능력자로 생각한다. 물론 요즘은 많이 좋아졌지만, 그래도 오랜 시간 연인과 함께 산 사람에게 이별이란 늘 미처 대비하지 못한 충격적인 사건이다.

어쨌거나 '신참 싱글'의 눈앞에는 도저히 넘을 수 없을 것 같은 문제의 산이 떡 버티고 서 있다. 한 번도 생각해본 적 없던 이 낯선 미래와 "난 못 해!"라는 절망감이 불안과 공포를 불러온다.

앞으로 두 번 다시 헤어진 연인을 대신할 사람을 찾을 수 없을 것만 같다. 그러니 영원히 혼자 살아야 할 테지만, 그 혼자 살아갈 일이 막막하기만 하다.

그런 두려움이 너무도 커서 삶의 의욕을 잃고 맥을 놓아버리는 사람들이 있다. 블라인드를 내리고 전화도 안 받고 이불 속에서 나오지 않는다. 반대로 초조함과 불안감으로 한시도 가만히 있지 못하는 사람들도 있다. 포수에게 붙들린 호랑이처럼 갈피를 못 잡고 온종일 집안을 서성댄다. 어떨 땐 외로움을 견디다 못해 미친 사람처럼 연인의 잠옷을 끌어안기도 하고 그가 쓰던 향수를 뿌리기도 하며 밤새 라디오를 틀어놓고 자기도 한다. 또 곰 인형을 끌어안고 흔들의자에 앉아 몇 시간씩 몸을 흔들어 대거나 전 연인의 사진을 확대해서 거실에 붙여놓기도 한다.

다 이겨냈다며 다시 취미를 시작했다가도 금세 시들해져 도로 포기해버린다. 쓰레기도 치우지 않고 화장도 안 하고 직장에서는 자꾸 실수해서 상사에게 야단을 맞는다. 어떤 사람은 미친 듯이 사람을 찾아다닌다. 혼자 있으면 허전해서 매일 약속을 잡고 매일 사람들과 어울린다. 하지만 진심으로 그들이, 그 약속이 좋아서가 아니라 그저 '이 끔찍한 외로움을 느끼지 않으려는' 목적이다.

심한 경우 파트너를 바꾸어가며 섹스에 열을 올린다. 자신이 버림받을 만큼 별 볼일 없는 인간이 아니라는 사실을 입증하기 위해서 말이다(이에 관해서는 5장에서 다시 한번 살펴보기로 하자).

불안과 외로움을 잊기 위해 일에 매달리는 사람들도 있다. 미친 듯 일을 해서 현실을 잊으려는 것이다.

당신도 지금 이 순간 외로움과 불안으로 몸서리치는가? 그렇다

해도 걱정하지 말자. 지극히 정상적인 감정이다. 당신은 많은 것을 잃었다. 연인의 목소리, 부드러운 손길, 그의 칭찬과 불평, 그가 어질러놓은 더러운 욕실, 그의 체취……. 그 모든 것이 사라진 자리에 커다란 구멍이 뻥 뚫렸다. 당신의 불안도 근거가 없지 않다. 그동안 연인이 정말 많은 것을 덜어주었다. 관공서 일도 다 봐주었고 집에 뭐가 고장 나도 다 고쳐주었다. 이제 그 모든 일을 당신이 혼자 처리해야 한다. 과연 내가 할 수 있을까? 나 혼자 어찌 살까? 마음이 불안하고 어지러울 것이다.

그러니 일단 그 감정들을 인정하고 받아들이자. 불안과 외로움도 당신이 거쳐야 할 통과의례일 뿐이다. 이 감정들을 통해 당신은 더욱더 독립적이고 적극적인 인간으로 거듭날 수 있다. 그 감정은 앞으로 더 많은 것을 더 배우라고 일러주는 유익한 조언이자 충고나 다름없다. 지금의 당신에게는 자신을 사랑스러운 인간으로 바라보며 혼자서도 만족할 줄 아는 능력이 부족하다. 혼자서 관공서에 가서 볼일을 보고 낯선 사람에게 말을 걸 용기가 부족하다. 하지만 그런 능력은 누구나 배울 수 있다. 당신도 얼마 안 가 혼자서도 꿋꿋하게 일상을 살아갈 수 있으며 혼자서도 너끈히 만족하고 행복해질 것이다.

경험은 소중하다. 그 어떤 경험도 헛된 것은 없다. 이 혹독한 시련을 거치고 나면 앞으로 당신은 훨씬 더 평등한 연인 관계를 맺을 수 있을 것이다. 혹시 연인이 떠날까 불안에 떨지 않을 것이고 그에게 집착하지도 않을 것이다. 지금보다 훨씬 더 많은 사랑과 상호존중, 관용을 연인에게 선사할 수 있다.

혼자 살 능력이 없어서 파트너를 찾는다면 그건 너무 불행하다. 파트너를 잃을까 늘 노심초사해야 한다. 불안에 떨며 사는데 사랑이 남아 있을 리 만무하다. 당신은 연인의 친구나 취미에도 질투를 느낄 것이고 그를 잃을까 봐 두려워 바라는 것이 있어도 꾹 참을 것이다. 연인이 당신 생각대로 행동하지 않을 때는 사랑이 증오로 돌변한다. 하지만 감히 그의 면전에 대고 화를 내거나 실망을 표할 수 없다. 그러다 그가 화가 나서 당신을 떠나면 안 되니까 말이다.

외로움의 극복은 두 단계로 나뉜다. 혹독한 첫 번째 단계에는 외로움과 공허감이 너무 크다. 그래서 될 수 있는 대로 혼자 있지 말라고 권하고 싶다. 혼자 있으면 자꾸 옛날을 곱씹을 테고, 자기 연민과 자괴감에 빠져 허우적거릴 테니 말이다.

두 번째 단계의 목표는 연인으로부터의 독립이다. 혼자서도 행복하게, 만족하며 사는 법을 배워야 한다. 그렇지 않으면 앞으로 누구를 만나더라도 똑같이 버림받을지 모른다는 불안을 떨치지 못한다.

어떤 사람과 어떤 관계를 맺을지 앞으로는 자유롭게 결정할 수 있어야 한다. 그 결정의 자유가 그 무엇보다 중요하다. 지금 이 순간 당신에게는 바로 그 자유가 없다. 헤어진 연인이 없으면 행복할 수 없다고 굳게 믿고 있으니까. 따라서 혼자 사는 행복을 발견하고 연인을 배려하느라 미처 개발하지 못했던 능력과 관심을 찾아내는 일이 최우선 목표가 되어야 한다.

어떻게 하면 외로움을 이겨낼 수 있을까?

1 우선 이 외로움이라는 감정을 이해하고 인정하자.

그동안 연인을 중심으로 생활해왔다면 외로움을 느끼는 것이 당연하다. 앞으로 노력하면 혼자 잘 사는 법을 배울 수 있겠지만, 그러자면 시간이 걸린다.

거울 앞에 서서 자신에게 큰 소리로 말하자. "난 외로움을 인정하고 받아들일 거야." 외로움을 인정하면 앞으로 크게 한 발 내디딜 수 있다. 이 감정을 인정함으로써 자신에 관해 많은 것을 알게 될 테니 말이다. 그러니 괴로워하는 자신을 한심하게 생각하지 말고, 자신에 관해 더 많이 아는 기회로 삼아보자. 혼자는 자유로 가는 첫걸음이다.

2 친구가 전화를 걸어 만나자고 하거든 내키지 않더라도 절대 거절하지 말자.

거절하면 나중에 후회할 것이다. 조금 전에 울적해서 펑펑 울었더라도 힘을 내서 만나자고 대답하자. 친구들도 당신의 상황을 뻔히 알고 있다. 설사 당신이 울어 퉁퉁 부은 눈으로 나타나더라도 뭐라고 할 친구는 없다. 자꾸 거절하면 나중에는 진짜 아무도 전화하지 않는다. 나가지 않을 이유는 수백만 가지다. 하지만 나가야 할 이유도 찾아보면 또한 수백만 가지다.

3 당신이 먼저 친구나 지인, 부모님께 전화를 걸어라. 정말로 힘들 때는 상담센터도 좋다.

밤이나 주말이면 특히 더 외로움이 심해진다. 그럴 때 친구에게 전화해서 솔직한 마음을 털어놓자. 친구가 당신의 집에 와서 같이 자줄 수도 있다.

4 중요한 결정은 나중으로 미루자.

이런 순간에 성급하게 새 연인을 '덥석 무는' 일은 바람직하지 않다. 주거지를 바꾸는 방법도 좋지 않다. 지금의 결정은 대부분 부정적인 감정에 따른 것이므로 나중에 후회할 수 있다.

5 하루 일정을 계획하자. 특히 저녁과 주말에는 일정표를 작성하자.

구체적으로 할 일이 있으면 잡생각이 줄어든다. 또 의외로 잠시나마 즐거울 수도 있다. 어쨌거나 혼자 자기 연민에 빠져 훌쩍이거나 불안한 마음에 괴로워하지는 않을 것이다. 또 계획이 있으면 혼란스러운 마음이 조금이나마 정리가 된다.

지금껏 혼자 산 적이 없다면 더욱더 어찌할 바를 모를 테고 혼자서도 즐길 수 있다는 사실을 상상하지 못할 것이다. 내 말을 믿어라. 혼자서도 즐겁고 행복할 수 있다. 하지만 그런 날이 올 때까지 인내심을 갖고 노력해야 한다. 혼자 살면 90% 행복하고 10% 힘들다.

심지어 독신주의자들도 파트너가 그리운 순간이 있다. 하지만 파트너가 있다고 해서 과연 일 년 내내 행복할까? 이런저런 활동에 참여해서 온종일 바삐 움직이자. 그러면 피곤해서 잡생각 없이 자리에 눕자마자 바로 곯아떨어질 것이다.

6 혼자서도 할 수 있는 재미난 활동을 억지로라도 찾아보자.

"이런 상황에서 재미난 일을 찾아보라고? 무슨 개뼈다귀 같은 소리야." 당신은 지금 이렇게 생각할지도 모르겠다. 나의 충고가 말도 안 되는 헛소리 같을지도 모르겠다. 그래도 한 번 찾아보자. 혼자서도 즐길 수 있는 일이 분명 있을 것이다. 무슨 짓을 하더라도 혼자 방구석에 처박혀 훌쩍거리기보다는 백 배 낫다. 가령 그동안 연인이 싫어해서 눈치 보느라 차마 못 했던 취미가 있을 것이다. 그렇다면 과감하게 시작해보자.

7 당신만의 인맥을 구축해보자.

연인 때문에 한동안 연락을 끊었던 친구에게 다시 전화를 걸어보자. 친구가 '지가 아쉬울 때만 전화하네.'라고 생각할까 겁내지 말자. 아마 당신이 다시 연락해서 반가운 마음이 더 클 것이다.

이웃에서도 가까이 사귈만한 사람이 있는지 살펴보자. 당신이 힘들거나 아플 때 도움을 청할 사람이 있다는 것은 참 좋은 일이다. 사실 힘들고 괴로울 때 비로소 알게 되는 것이 많다. 우리 주변에 마음씨 고운 사람이 얼마나 많은지도 내가 힘들어보아야 알게 된다.

8 주말을 특별활동의 날로 정하자.

자신만의 특별활동을 계획해보자. 친구들을 집으로 불러서 같이 밥을 해 먹자. 혼자 있는 시간을 즐길 수 있을 때까지는 '무계획'인 주말은 당분간 금물이다.

9 자신을 위해 진수성찬을 차려보자.

혼자서도 멋진 밥상을 차려보자. 꽃도 꽂고 음악도 틀어보자. "혼자 먹을 건데 귀찮게 무슨……"과 같은 생각은 버리자. 혼자서도, 둘이서도 당신은 소중한 사람이다.

10 그래도 외로우면 어찌하나?

그래도 가끔은 외로움이 밀려들 것이다. 아직 혼자가 익숙하지 않을 테니 말이다. 그럴 때를 대비해 미리 계획을 세우자.

☐ 백화점에 가서 아이쇼핑을 하고 영화관이나 도서관에 가서 영화를 보거나 책을 읽자. 자전거를 타고서 동네를 한 바퀴 돌아도 좋다. 그 무엇도 혼자 침울한 상태보다는 낫다.

☐ 그동안 하고 싶었지만 못했던 일을 쭉 적어보자. 아직 그럴 기분이 아니더라도 이 일들을 차례차례 실행에 옮겨보자.

☐ 자신에게 선물을 해보자. 꽃이나 화장품, 잡지나 책을 산다.

☐ 친구에게 전화를 걸거나 만나서 수다를 떤다.

☐ 남에게 봉사할 기회를 찾아보자. 주변에 아프거나 외로운 사람이 있다면 찾아가서 위로하자.

☐ 기분이 울적해질 일은 하지 않는다.

☐ 필요하다면 심리치료를 받는다.

어떻게 하면 불안에서 벗어날 수 있을까?

1 불안을 받아들이자.

새로운 일이 닥쳤으나 아무리 보아도 해내지 못할 것 같을 때 우리는 불안을 느낀다. 이별도 마찬가지다. 거울을 보며 자신에게 이렇게 말하자. "지금은 불안해도 괜찮아."

2 불안과 의심, 근심걱정에 대처하는 법을 배우자.

대체 뭐가 불안한 것인지 곰곰이 생각해서 적어보자. 주변에 이별을 잘 이겨낸 싱글이 있다면 그 사람들은 어떻게 했는지 되새겨 보자. 직접 전화를 걸어 경험담을 들어보아도 좋다.

당신의 불안은 혼자서는 잘 살 수 없을 것 같다는 마음에서 나온다. 따라서 불안을 줄이려면 그 불안의 정당성을 점검해보아야 한다. 그릇된 생각이 근거 없는 불안을 몰고 오기 때문이다. 그러니 자신에게 물어보자. "정말 그런 일이 일어날까? 정말로 그럴 수 있을까? 설사 그런 일이 일어난다 해도 생명이 위태로울 만큼 심각한 일일까?"

불안은 실제로 생명이 위태로울 때만 의미가 있다. 생사가 달린 일이 아니라면 굳이 불안에 떨 이유가 없다. 불안은 그저 당신이 나쁜 일이 일어나리라 생각하고 있다는 신호에 불과하다.

3 득실을 따져보자.

불안한 마음이 시키는 대로 위험한 상황을 피한다면 무엇을 잃게 될까? 불안한 마음을 이기고 위험할 수 있어도 그 상황으로 들어간다면 무엇을 얻게 될까? 어떤 쪽이 더 이득인가?

4 인내심을 가져라.

이제부터는 혼자서 결정하고 처리해야 할 일이 쌔고 쌜 것이다. 제일 중요한 것부터 한 걸음씩 차근차근 해결해보자.

5 불안해도 자꾸 도전해야 불안이 해소된다.

불쾌한 상황을 피하면 잠시 불안이 사라지기는 하겠지만, 하루하루 날이 갈수록 점점 더 불안해질 것이다.

6 불안에 도전할 때마다 자신을 칭찬하라.

남들과 비교하지 마라. 출발점이 중요하다. 남들에게는 별것 아니어도 당신에겐 엄청난 도전일 수 있다. 그러니 작은 걸음도 성공이요 발전이다. 성공한 자신에게 듬뿍 칭찬해주자.

"다 내 탓이야." - 죄책감과 자괴감에 빠지다

34세의 프리츠는 직장에서 자꾸 실수해서 우리 상담실을 찾아왔다. 그는 요즘 들어 통 집중을 못 하겠고 기억력도 크게 떨어졌다고 하소연했다. 아무리 노력해도 자꾸 실수를 저지르다 보니 상사에게 야단을 맞는 일이 잦다고 말이다.

그는 자기 인생이 실패작인 것 같다고 했다. 회사에서도 집에서도 패배한 인생인 것만 같다. 그가 이런 문제를 겪게 된 이유는 그의 친구와 사랑에 빠진 아내가 이혼을 요구했기 때문이다. 마른하늘에 날벼락 같은 선언이었다.

그는 아내와 12년을 함께 살았다. 이런저런 일로 자주 다투기는 했지만, 12살 아들과 나름 행복한 가정을 꾸렸다고 믿었다. 그동안

아내의 마음을 돌려보려 애도 써봤지만, 아내는 단호했고, 그는 심한 자책과 자괴감에 빠져들었다.

"다 내 탓이야. 내가 얼마나 못났으면 아내가 딴 남자한테로 눈을 돌렸겠어." "난 실패한 인생이야. 가정도 못 지킨 바보야."

프리츠는 지금 이별의 2단계에 있다. 심한 죄책감과 열등감이 그를 괴롭힌다. 인간관계에서는 일방적인 잘못이란 없지만, 그는 아직 그 사실을 깨닫지 못하고 있다.

다음의 질문에 "예"라는 대답이 많다면 당신도 지금 이 순간 죄책감과 열등감에 시달리는 중이다.

- 전부 다 당신 잘못이라고 자책하는가? 예 □ 아니오 □
- 자신이 멍청하고 무능하고 매력이 없다고 생각하는가? 예 □ 아니오 □
- 연인이 떠난 것이 당신의 잘못인가? 예 □ 아니오 □
- 연인이 매력적인 새 사람과 같이 지내는 상상을 하는가? 예 □ 아니오 □
- 조금만 더 노력했다면 연인이 돌아왔을 것으로 생각하는가? 예 □ 아니오 □
- 연인이 얼마나 멋진 사람이었는지, 온종일 그 생각만 하는가? 예 □ 아니오 □
- 왜 그가 떠났을까 이유를 고민하는가? 예 □ 아니오 □

자괴감의 정체는 무엇인가?

소중한 사람이 곁을 떠났다면 누구나 상처받고 속상할 것이다. 너무나 당연하고도 인간적인 반응이다. 하지만 문제는 그 정도다. 극심한 자책감과 자괴감에서 헤어 나오지 못하는 사람이 적지 않다. 생각 속에서는 늘 같은 질문이 맴돈다. "내가 뭘 잘못했지?" "왜 당신은 날 사랑하지 않을까? 뭐가 마음에 안 드는지 말해주면 내가 고칠 텐데."

이별의 원인이 오로지 당신에게 있다고 보기에 당신은 자신을 심판하고 비난하기 시작한다. "이렇게 된 건 다 나 때문이야. 내가 이상한 거야. 난 사랑받을 가치가 없는 인간이야."

물론 연인이 이별을 선언한다면 누구든 이유를 알고 싶을 것이다. 하지만 물어볼 연인이 이미 곁에 없는 경우도 많고, 또 설사 물어서 대답을 듣는다고 해도 그 말이 진실일지 확신할 수도 없다.

듣자마자 바로 납득이 되는 이별의 이유는 없다. 그랬다면 우리가 먼저 이별을 통보했을 것이다. 연인이 아직 당신을 좋아하지만 같이 살고 싶지는 않다는 이유를 댄다면 우리는 그 말을 못 믿고 이렇게 생각할 것이다. "아직 좋아하는데 왜 헤어져?" 우리가 잠자리를 피하기 때문에 혹은 그에게 너무 집착해서 이별하려 한다는 핑계를 댄다면 심한 자괴감이 생겨날 것이다. 우리가 다 잘못했다고,

우리가 무능해서, 매력이 없어서, 못 생겨서 그가 떠났다고 괴로워할 것이다. 그에 더해 만일 딴 사람이 생겨서 이별을 통보했다면 "내가 못나서 이렇게 되었다."라는 자괴감은 한층 더 심해질 것이다.

진즉부터 자신감과 자존감이 부족했던 사람이라면 자괴감이 훨씬 더 클 것이다. 헤어지자는 말이 나오기 전부터도 관계가 껄끄러워서 연인에게서 걸핏하면 비난과 욕을 들었다면 자신감이 한없이 추락할 것이다. 당연히 자신이 밉고 열등감이 들 것이며 우울감에 빠질 것이다.

하지만 이별의 책임을 혼자 다 떠안은 채 괜스레 자신의 가치를 되물을 것이 아니라 올바른 질문을 던져야 한다. "우리 관계가 어쩌다 이렇게 되었을까? 우리 두 사람이 이별에 어떤 역할을 했을까? 나와 그가 얼마나 변했기에 우리 관계가 이렇게 되었을까?"

연인 관계는 결코 한 사람의 책임이 아니다. 항상 두 사람이 관여하는 관계다. 두 사람은 나름의 기대와 인생관을 갖고 관계를 시작했다. 관계가 평화롭고 행복하려면 그 기대의 가장 중요한 지점들이 일치해야 한다.

처음에는 만족스러웠다고 해도 시간이 가면서 상황이 변할 수 있다. 이직, 육아, 질병, 취미, 새 친구, 노화, 경제적 문제, 창업 등 둘의 상황이 변할 수 있는 계기는 너무나도 많다. 그런 변화가 관계에 악영향을 줄 수 있고 심지어 이별을 불러올 수도 있다. 관계가 끝났다고 해서 당신이 사랑받을 가치가 없다거나 괜찮은 사람이 아니라는 생각은 틀렸다. 처음 만날 당시 당신과 그는 서로의 기대와 욕구를 채워줄 수 있었다. 하지만 세월이 흐르는 사이 연인의 기대와 욕구가 변했다. 당신의 성격과 능력이 더는 연인의 기대와 맞지 않게 되었고, 결국 그가 불만을 이기지 못하고 관계를 끝낸 것이다.

당신과 그의 관계는 당신 때문에 끝난 것이 아니다. 당신의 특성과 그의 기대가 더는 맞아떨어지지 않았기 때문이다. 당연히 처음에는 그럴 줄 몰랐다. 알았다면 애당초 관계를 시작하지 않았을 것이다. 이제 와서 그가 당신과 같이 살고 싶지 않다고 해서 당신이 좋은 연인이 아니었던 것은 절대 아니다. 당신이 좋고 나쁜지, 유능한지 무능한지의 판단을 타인의 기준으로 잴 수는 없는 법이다.

이별은 연인의 바람과 기대가 달라졌다는 사실의 표현일 뿐이다. 어쩌면 이전부터도 당신은 그에게서 마음에 들지 않는 점을 많이 발견했을 것이다. 하지만 혼자 남을지 모른다는 두려움에 그 정도는 중요치 않다며 애써 외면했을 것이다. 이별 때문에 자신을 깎아내리거나 자책하지 말자. 당신이 얼마나 이별을 많이 했건 상관없이 당신은 사랑을 주고받을 줄 아는 귀하고 사랑스러운 존재다. 당신은 세상에 단 하나밖에 없는 소중한 사람이며, 받아줄 사람이 있다면 그에게 특별한 선물을 건네줄 수 있는 유능한 사람이다. 당신의 연인은 이제 당신의 능력과 사랑을 받고 싶지 않을 뿐이다.

죄책감은 어떻게 생기나?

이제 죄책감에 관해 조금 더 자세히 알아보기로 하자. 방금 엄마 뱃속을 나온 아기는 좋고 나쁘고 옳고 그른 것을 구분할 줄 모른다. 하지만 부모 밑에서 자라면서 부모로부터 무엇을 좋고 나쁘게 생각해야 하는지를 차츰차츰 배운다. 부모는 우리에게 그런 가르침을 주기 위해 칭찬과 인정, 야단과 비난, 멸시와 체벌 등을 사용한다. 부모가 보기에 나쁜 짓을 우리가 하면 부모는 우리가 수치심을 느끼고 자책하기를 기대한다. 죄책감을 교육의 도구로 사용하는 것이다. 그런 부모의 교육 덕에 우리는 성인이 된 후에도 죄책감을 스스로 벌하는 도구로 사용한다. 자신의 행동을 자동으로 부모의 기준에 맞추어 점검하는 것이다.

"그에게 조금 더 잘할 걸.", "우리 집안에 이혼녀라니. 내가 집안 망신을 시켰어."와 같이 생각하게 되면 당연히 죄책감이 든다. 하지만 당신은 그런 벌을 받을만한 짓을 한 적이 없다. 당신은 연인 없이도 충분히 혼자 잘 살 수 있다. 죄책감은 새 출발을 더 힘들게 만들 뿐이다.

죄책감은 아무짝에도 쓸모없다. 죄책감을 느낀다고 해서 과거를 바꿀 수 있지도 않다. 새로운 상황에 적응하기도 바쁜데 죄책감으로 시간과 에너지를 허비할 이유가 무엇인가? 과거에 당신은 당신의 인생사와 인생관을 바탕으로 할 수 있는 최선을 다했다. 지금 와 보니 이런저런 잘못이 있었다 해도 당시엔 그것이 최선이었다. 이제와 죄책감을 느낀다고 해서 그를 붙잡을 수 있지도 않고 과거를 되돌릴 수 있지도 않다.

그가 결정할 수 있는 것은 오직 그의 행동과 감정뿐이다. 당신의 행동과 감정은 당신이 결정한 것이다. 특정한 반응과 행동방식을 후회하는 것은 정상이지만, 자책하는 자세는 옳지 않다.

아마 연인 역시 죄책감에 시달릴 것이다. 당신과 헤어지고는 싶지만, 당신이 불행한 꼴을 보고 싶지는 않을 것이다. 그러니 당신이 이별에 동의하고 그가 없어도 혼자 행복하게 잘 사는 것이 그에게도 좋은 일이다.

죄책감 때문에 그는 당신에게 앞으로도 친구로 지내자고 제안하고 필요할 때는 언제든지 달려오겠노라 약속한다. 또 죄책감 때문에 평소보다 훨씬 다정하게 굴고, 심지어 다시 당신에게 돌아올 수도 있다. 이별에 대처하는 법을 배우고 싶은 당신에게 이런 일은 치명적 결과를 초래할 수 있다. 연인 관계를 바라보는 새로운 시각을 익히기도 전에 다시 희망의 단계로 되돌아갈 수 있으니 말이다.

죄책감으로 돌아가 보자. 죄책감을 해소하기가 말처럼 쉬운 일이 아니라는 사실은 나도 잘 안다. 내가 잘못했고 내가 조금만 더 잘했다면 헤어지지 않을 수도 있었다고 생각한다면 죄책감은 생기지 않을 수가 없다. 죄책감이 들면 당신은 절로 자신이 진짜 죄인이라고 믿게 된다. 하지만 앞에서도 배웠다. 감정은 실제 일어난 일이 아니라 당신의 생각에 좌우된다. 다시 말하면 잘못했다고 생각하기만 해도 바로 죄책감이 드는 것이다. 그리고 죄책감을 느끼면 실제로 잘못했다고 믿게 된다.

이런 악순환의 고리를 끊을 방법은 단 하나뿐이다. 쉬지 않고 자신에게 말해야 한다. "이 관계가 끝난 것은 우리 둘 모두에게 책임이 있다. 그리고 우리 둘은 각자 최선을 다했다." 한 사람의 행동은 상대가 그 행동에 제대로 대처하지 못하거나 그럴 의지가 없을 때만 문제를 일으킨다. 물론 처음에는 이렇게 생각할 때마다 '거짓말한다는 기분'이 자꾸 들 것이다. 무시하자. 당신은 지금껏 스스로 잘못했다고 자신에게 말해왔다. 그러니 그 생각이 변하려면 시간이 필요하다.

죄책감과 자괴감은 어떻게 해소할까?

1 당신이 무슨 말을 했고 무슨 행동을 했건 과거는 과거다. 과거를 받아들이자.

과거는 지나갔다. 당신이 했던 말과 행동이 지금 와서 보니 한심하고 후회스러울 수도 있다. 하지만 이제 와 자신을 탓한들 무슨 소용이 있을까? 당신은 그 당시 할 수 있는 최선을 다했다. 당신의 인생관과 경험, 당시의 지식과 능력에 맞추어 적절하다고 생각되는 반응을 보였다. 또 설사 당신이 다른 행동을 했다 하더라도 당신 혼자서 관계를 구할 수는 없었을 것이다. 그러자면 연인도 함께 노력했어야 했다.

솔직히 말하면 자신의 행동으로 타인을 조정할 수 있다는 생각 자체가 자기 힘을 너무 과대평가하는 것이다. 다른 행동을 보였어도 당신은 원치 않는 연인을 억지로 붙들어둘 수 없었을 것이다. 당신이 그의 행동에 어떤 영향을 미칠지 그 결정은 오직 연인의 몫이기 때문이다.

2 일기장을 이용하자.

왜 그 말을 하지 않았을까? 왜 그 행동을 하지 않았을까? 왜 그런 말을 했을까? 왜 그렇게 했을까? 자책하는 모든 내용을 일기에 적어보자. "그건 내 잘못이야. 그러지 말아야 했어." 이렇게 적은 다음 그 내용을 이렇게 고쳐보자. "그건 참 후회스러워. 왜 그랬는지 안타까워. 하지만 달리 방법이 없었어. 난 최선을 다했으니까."

3 죄책감에 괴로워 말고 앞으로 같은 잘못을 반복하지 않을 방법을 고민해보자.

이별을 성장의 발판으로 삼자. 이번 관계에서 무엇을 배웠는지 생각해보자. 그 교훈을 단단히 가슴에 새긴다면 다음번에는 절대 같은 잘못을 반복하지 않을 것이다.

4 그래도 죄책감을 털어낼 수 없다면 앞으로 4주 동안 매일 20분씩 시간을 내자.

그 시간에는 오직 죄책감에만 집중한다. 하지만 꼭 그 시간만이다. 그 이외에는 죄책감에 매달리지 말아야 한다.

5 산책을 할 때마다 동전 크기의 돌을 주워 모으자.

잘못했다고 생각되는 점이 있다면 잘못 하나에 돌 하나씩 모은다. 그것을 산책할 때마다 주머니에 넣거나 가방에 넣어 들고 다닌다. 그렇게 하면 당신이 자발적으로 가슴에 담고 다니는 짐을 직접 몸으로 확인할 수가 있다. 당신은 아무짝에도 쓸모없는 돌덩이를 지고 다니는 것이다.

6 당신은 최선을 다했다. 그 점을 계속 상기하자.

이별을 하자면 두 사람이 필요하다. 혼자서는 이별을 할 수 없다. 연인이 당신을 떠났다고 해서 당신이 사랑받을 가치가 없는 사람이란 결론은 너무 성급하다. 당신은 장단점을 고루 갖춘 보통사람이다.

7 당신은 사랑스러운 사람이다. 단점도 있지만 장점도 많다. 그 사실을 잊지 말자.

연인이 당신을 떠난 이유는 당신이 그의 애정관에 더는 맞지 않기 때문이다. 그가 생각하는 연인 관계를 당신이 충족해주지 못하기 때문이다. 결코 당신이 매력이 없어서, 멍청해서 당신을 떠나지 않았다는 말이다. "얼마나 매력이 없으면 버림을 받았을까? 난 한심하고 멍청한 인간이야." 그런 생각이 들 때면 단호하게 고개를 저어라. 그 생각은 옳지 않다.

8 이 장의 첫 부분에 적힌 질문에 다시 한번 대답해보면서 자신의 발전을 점검해보자.

"아니오"라는 대답이 많다면 당신은 이미 앞으로 큰 발을 성큼 내디딘 것이다.

"어떻게 나한테 이럴 수 있지?"
– 연인에게 화가 나고 연인이 밉다

35세의 만프레트는 주치의의 권유로 우리 상담실을 찾아왔다. 그는 불안과 위장장애가 심하고 통 식욕이 없다고 했다. 지난 한 달 동안 몸무게가 무려 6kg이나 빠졌다면서 말이다. 결혼한 지 14년 차인 그는 자녀가 셋이었고, 결혼 생활 내내 열심히 일해서 집도 샀고 틈날 때마다 아이들과 놀아주는 가정적인 남편이었다.

그런데 2년 전 아내가 바람을 피우는 현장을 목격했다. 당시 그는 너무너무 화가 나서 아내에게 맹비난을 퍼부었지만, 가정이 너무나 소중했기에 아내를 용서하고 다시 믿어보기로 마음먹었다. 물론 마음과 달리 좀처럼 아내를 예전같이 신뢰할 수는 없었다.

그러던 차에 아내가 3개월 전 갑자기 이혼하자고 했다. 그의 질투와 통제를 더는 견디기 힘들고 자신은 혼자서도 아이들을 잘 키울 수 있다면서 말이다. 그는 내게 계속해서 강조했다. "누가 잘못했습니까? 누가 시작했느냐고요? 바람피워 가정을 파탄 낸 건 아내입니다. 제가 어떻게 의심을 하지 않겠습니까? 그래도 전 사력을 다해 노력했습니다. 어떻게든 이 가정을 유지해보려고요. 그런데 적반하장도 유분수지. 어떻게 자기가 먼저 이혼하자고 합니까? 이혼한다 해도 제가 먼저 할 겁니다. 절대 들어주지 않을 거예요. 절대 아내 뜻대로 되지 않을 거라고요."

만프레트는 아내를 무척 미워했고 그 마음은 고스란히 몸으로 나타났다. 그는 이별의 2단계에 있었다.

다음의 질문에 "예"라는 대답이 많다면 당신도 화와 미움을 몸에 담고 있는 상태다. 어쩌면 화가 아니라 긴장이나 불안으로 느낄 수도 있다. 그러나 형태는 달라도 근본은 같은 마음이다.

- 어떻게 하면 갚아줄 수 있을까? 온종일 그 생각뿐인가? 예 □ 아니오 □
- 친구나 직장 동료들에게 연인 욕을 하는가? 예 □ 아니오 □
- 상상으로 혹은 실제로 연인에게 "나쁜 놈", "개자식" 같은 욕을 퍼붓는가? 예 □ 아니오 □
- "어떻게 나한테 이럴 수 있지. 그가 날 모욕하고 내 인생을 망쳤어."라는 생각이 자주 드는가? 예 □ 아니오 □
- 그를 죽이는 상상을 하는가? 그가 죄책감 때문에 괴로워하는 상상을 하는가? 예 □ 아니오 □
- 그에게 돈을 주지 않거나 그의 짐을 버리거나 아이들을 보여주지 않거나 밤마다 전화를 걸거나 메일로 욕을 퍼부어 그를 괴롭히는가? 예 □ 아니오 □
- 그를 벌하기 위해 자살하겠다고 협박하고 당신이 얼마나 괴로운지 계속 알리는가? 예 □ 아니오 □
- 둘이 함께 만나던 친구들을 당신 편으로 만들려 노력하는가? 예 □ 아니오 □
- 이별의 책임을 온전히 전 연인에게 씌우는가? 예 □ 아니오 □
- 연인이 교통사고를 당하거나 병에 걸리기를 바라는가? 예 □ 아니오 □

몸으로 표현된 화와 미움은 당신이 만든 것이다. "어떻게 나한테 이럴 수 있지. 내가 그렇게 헌신했는데.", "이럴 수는 없는 거야. 인간이라면 이럴 수 없어.", "개자식, 나쁜 놈, 더러운 놈.", "내가 그놈 때문에 얼마나 많은 것을 포기했는데.", "분명히 후회할 거야. 두고 봐." 등과 같은 생각이 화와 미움을 불러온다.

화와 미움은 항상 요구를 동반한다. "상황이 지금과는 달라야 한다.", "누군가 다르게 행동해야 한다.", "내가 원치 않으니 상대는 지금처럼 행동하면 안 된다." 등과 같이 말이다. 미움과 화는 우리 기대에 어긋난 일이 발생했는데, 우리가 반드시 그것을 우리 뜻대로 해야 한다고 확신할 때 생긴다. 기대에 어긋나지만 꼭 필요하지는 않다고 생각되는 일은 실망은 안겨줄 수는 있어도 화와 미움을 일으키지는 않는다.

화가 날 때 우리는 다른 이로부터 부당한 공격을 당했다고 느낀다. 상대의 행동이 우리 개인에 대한 '비열하고 저급한' 공격처럼 느껴진다. 따라서 그 위협적인 상대의 행동에 맞서 방어해야 한다고 생각한다. 이런 화는 까마득한 우리 조상들의 유산이다. 위험이 닥쳤을 때 도망치거나 맞서 싸우려면 신체가 긴장해야 한다. 그래서 지금의 우리도 위험하다고 생각되면 온몸을 바짝 긴장시킨다.

물론 지금은 그때처럼 호랑이가 쫓아올 일은 없다. 그래도 우리는 생명이 아니라 자존감과 세계관이 위태롭다고 생각되는 순간에 우리 조상들과 똑같이 긴장한다. 하지만 사실상 신체적인 공격이 아니라면 굳이 화를 낼 필요가 없다. 화는 그저 우리가 자신을 얼마나 하찮게 생각하며 타인에게 얼마나 많은 기대를 거는지를 입증할 뿐이다.

타인의 행동과 말에서 우리에 대한 비난을 읽어내고서 화를 낸다면, 그건 우리가 스스로 자신을 별 볼 일 없다고 생각한다는 뜻이다. 자신감이 넘친다면 상대의 비난을 듣고도 뜨끔하지 않을 것이고 그냥 한 귀로 듣고 한 귀로 흘릴 것이다. 화가 많이 난다면 그건 상대의 말이 우리의 아픈 상처를 건드렸다는 뜻이다.

대부분의 사람은 연인이 필요해서 관계를 맺기 때문에 자신을 떠난 상대에게 화가 나고 그가 미울 수밖에 없다. 그런 사람들은 연인에게 의존해서 살았기 때문에 이별을 공격이나 위협, 심지어 생명의 위험으로 느낄 것이다. 따라서 상대가 자신에게 절대 그런 짓을 저질러서는 안 된다고 굳게 믿을 것이다.

특히 상대가 새 사람이 생겨 이별을 통보한 경우 연인이 아니라 그 새 사람에게 화를 낸다. 그렇게 하면 첫째로 연인을 향한 사랑을 계속 간직할 수 있고, 둘째로 자존심을 조금이나마 건질 수가 있다.

당신은 이렇게 생각한다. "그 여자, 그 남자가 꼬드기지만 않았어도 날 떠나지 않았을 거야. 이게 다 그 여자, 그 남자 때문이야." 그러면서 관계란 두 사람이 함께 만들어가는 것이라는 사실을 잊어버린다. 누군가가 당신의 연인을 꼬드길 수 있으려면 그럴 여지가 있어야 한다. 당신의 연인이 당신과의 관계에서 불만을 느꼈기 때문에 새로운 사람과 접촉을 하거나 그의 시도에 응했을 것이다.

남성도 그렇지만, 특히 화를 화로 표현하지 못하고 공포나 우울로 표현하는 여성이 적지 않다. 머리가 아프고 경련이 일어나고 심장이 찌르는 듯 아프고 위궤양으로 고통받는 등 심신질환으로 힘들어하는 사례도 많다. 화를 밖으로 표출하지 못하고 꾹꾹 자기 안에 쌓아두는 것이다. 그렇게 억지로 눌러 참으면 주변 사람들과 갈등이 일어나지는 않겠지만, 그 대신 자기 몸이 망가진다.

연인에게 직접 화를 표출하는 것도 꾹꾹 눌러 참는 것 못지않게 바람직한 방법이 아니다. 연인에게 화를 내면 상대도 가만히 있지 않을 것이고 결국 서로를 비난하며 감정이 격해진다.

간접적인 방법도 권하고 싶지 않다. 아이들이 분풀이 수단이 되는 경우가 많은데, 아이들을 못 만나게 하거나 아이들 앞에서 상대의 욕을 하거나 양육비를 주지 않는 식이다. "아이들에게 최선이 무엇일까?"라고 물어야 할 시점에서 "어떻게 하면 연인에게 복수할까?"를 고민하는 것이다. 이런 행동이 아이들의 마음에 상처가 될 것은 불을 보듯 뻔하다. 그러니 화가 나더라도 그것을 바람직한 방향으로 표현할 수 있는 길을 찾아야 한다.

물론 화도 좋은 점이 있다. 첫째로 화는 적극성과 방어의 증거이며, 둘째로 마음을 접는 데도 큰 도움이 된다. 인간은 사랑과 화를 동시에 느낄 수 없다. 연인에게 화가 나면 그를 사랑할 수가 없다. 그러니 화가 난다는 것은 그에게서 멀어지는 길로 한 걸음 더 나아갔다는 뜻이다.

화가 나고 그가 미운가? 그 마음이 너무 심해 평생 처음 느끼는 극도의 분노로 치달을 수도 있다. 주변 사람들이 의아해할 정도로 당신의 감정이 폭발적일 수도 있다. 심할 때는 주변 사람들에게도 짜증을 내고 아무 일도 아닌 데 신경질을 부리며 변덕을 부릴 수도 있다.

그래도 괜찮다. 당신의 화와 미움은 인간적인 감정이다. 그에게 많은 것을 의존했다면, 그를 위해 살았다면, 그를 위해 많은 것을 포기했다면 분노와 미움도 더 클 것이다. 너무너무 화가 나서 그가 팍 죽어버렸으면 좋겠다는 생각이 들 수도 있다. 교통사고가 나서 그가 즉사하는 상상을 했을 수도 있다. 설사 그랬더라도 자책하지 말자. 당신에게는 화를 낼 권리가 있다. 화는 얼마든지 내도 좋다. 다만, 폭력적이거나 해로운 방법으로 화를 표현하지는 말아야 한다.

화를 눌러 참는 것도, 밖으로 표출하여 상대나 자신에게 해를 끼치는 것도 바람직하지 않다. 그러니 화와 미움을 받아들이자. 얼마나 오래 그 화를 간직할지는 당신이 결정할 일이다.

당신의 감정은 당신이 결정할 수 있다. 당신이 결정할 수 없는 것은 연인의 행동이다. 당신의 연인은 당신과 헤어졌지만, 당신의 감정은 그의 책임이 아니다. 당신이 화가 나는 것은 연인이 영원히 곁에 있기를 바라는 기대감 때문이다. 어쩌면 그러겠노라 그가 약속했을 수도 있다. 당신은 행복하려면 그가 필요하다고 생각한다. 그렇기 때문에 행복이 위태로워졌다고 느낀다. 화는 상황을 통제하려는 당신의 노력에서 나온다. 당신은 '그가 저지른 부당한 짓'을 되돌리고 싶다. 당신이 '빼앗긴 것'을 되찾고 싶다.

화를 표현하지 못하는 사람은 이별의 과정도 더디다. 화를 가슴에 꼭 간직하고서 울적해 하면 연인을 향한 사랑도 끝낼 수가 없다.

연인에 대한 화와 미움 다스리는 법

1 화와 미움을 인정하자.

당신은 생각으로 화와 미움을 일으켰다. 그 감정은 억지로 억누르거나 자책한다고 해서 사라지지 않는다. 당신이 화를 내는 일은 지극히 인간적이다. 부모님은 그러면 안 된다고 가르쳤지만, 지금 화가 나는 것은 너무나 당연하다. 당신이 화가 나는 것은 연인이 당신을 떠났지만 당신은 그와 헤어지고 싶지 않기 때문이다. 그러니 자신에게 말하자. "지금 화가 나는 건 당연해. 나는 이 감정을 인정할 거야."

화와 미움을 없애려면 그 화를 일으키는 마음가짐을 바꾸어야 한다. "그는 나쁜 사람이야. 떠나지 않겠다고 약속해놓고 약속을 어겼어. 날 속이고 기만했어. 이럴 수는 없는 거야."라는 생각으로 화가 솟구쳤다면 일단 그 화를 인정하고 표현해야 한다. 어떻게? 이렇게 하자.

2 화와 미움을 해롭지 않은 방식으로 표현하자.

상상 훈련을 해보자. 지금 연인이 앞에 앉아 있고 당신이 마음껏 욕을 하면서 그를 때린다고 상상하는 것이다. 상상은 실제 복수만큼 만족감을 준다. 연구 결과를 보면, 우리 몸은 상상과 실제 사건에 똑같이 반응한다고 한다. 그러니까 상상으로도 우리 몸은 충분히 해방감을 맛볼 수 있다. 상상으로 복수하면 나중에 후회할 일이 없다. 욱하는 마음에 일을 저질러놓고 나중에 후회하고 자책하지 않아도 된다. 도저히 상상으로는 분이 풀리지 않아서 꼭 실제로 복수를 해야겠다면 아래의 방법을 택해보자.

잠깐! 아래의 방법들이 처음에는 인위적이라는 느낌이 들 수도 있다. 평생 한 번도 화를 대놓고 표현해본 적이 없어서 낯설 수도 있다. 그래도 연극을 한다고 생각하고 실행에 옮겨보자. 시간이 가면 훈련이 아니라 "진짜" 같은 기분이 들 것이다.

냉장고 얼음 칸에서 얼음을 꺼내어 욕실 바닥에 힘껏 집어 던진다. 하나씩 던질 때마다 전 연인에게 하고 싶은 욕을 쏟아낸다. 얼음은 유리처럼 쨍그랑 소리가 나서 뭔가 깨트리는 기분이 들면서도 나중에 치우지 않아도 되니 좋다. 처음에는 이런 짓을 하는 자신이 한심할 수도 있겠지만, 자꾸 하다 보면 기분이 후련해질 것이다.

인적 없는 장소로 차를 몰고 가서 유리창을 닫는다. 그리고 있는 힘껏 고함을 치며 욕을 한다. 차 안에서 소리치면 밖에서는 전혀 안 들린다.

연인의 상사나 관공서, 부모에게 편지를 써서 하고 싶은 말을 다 한다. 물론 편지를 부치지는 않는다. 편지는 태워버리거나 잘게 찢어 쓰레기통에 버리자. 편지를 쓰다 보면 피해자 역할에서 벗어나게 될 것이다. 부치지 못할 편지지만, 하고 싶은 말을 다 하고 나면 다시 바람직한 방향으로 고개를 돌릴 수 있을 것이다.

신체활동을 하자. 대청소를 하고 텃밭을 가꾸고 조깅하고 자전거를 타자. 테니스를 치면서 공이 연인의 머리라고 생각하고 힘껏 때리고 조깅하면서 바닥이 연인의 머리라고 생각하고 힘껏 밟는다면 활동의 효과가 한층 더 좋아질 것이다.

연인이 앞에 앉아 있다고 상상하자. 그에게 하고 싶은 말을 다 하자. 욕을 하고 화를 내고 따귀를 때리자.

하고 싶은 말을 녹음하자. 이렇게 시작한다. "당신이 이러저러해서 내 마음이 너무 아파. 그래서 당신한테 복수하고 싶어."

일기장에 연인에게 하고 싶은 말을 적어보자. 당신이 받았던 상처와 부당한 대우를 모두 적어보자. 이렇게 시작하자. "당신이 이러저러해서 너무 화가 나. 당신은 이러저러하게 나를 아프게 했어."

위에 소개한 훈련을 차례대로 한 번씩 쭉 해보자. 아마 훈련하는 동안에도 화와 미움이 솟구칠 것이다. 어떤 방법은 효과가 좋고, 또 어떤 방법은 효과가 떨어질 것이다. 자신에게 가장 잘 맞는 방법이 무엇인지 시험해보자. 효과 좋은 방법으로 골라서 시간 날 때마다 계속 반복해보자. 더는 아무 효과도 없을 때까지, 더는 아무 할 말이 없을 때까지 계속 반복하자. 그러다 보면 언젠가는 마음이 편안하고 고요해질 것이다. 또 앞으로 살면서 화가 날 일이 생기면 언제든지 이 방법을 활용할 수 있다.

3 화와 미움은 마음을 접기 위해 꼭 필요한 과정이다.

아직도 화와 미움을 느끼지 못했다면 그건 아마도 당신이 여태

화를 인정하지 못했기 때문일 것이다. 혹은 지금껏 살면서 한 번도 마음껏 화를 내 본 적이 없기 때문일 것이다.

4 이 장의 맨 앞에 적힌 질문을 다시 한번 훑어보면서 자신의 발전을 점검해보자.

"아니오"라는 대답이 많을수록 더 많이 진보한 것이다.

"내가 미쳤지. 어쩌자고 그런 짓을 했을까?"
- 자신에게 화가 나고 자신이 밉다

28세의 일제는 감정 기복과 스트레스가 너무 심해서 우리 상담실을 찾아왔다. 어떨 땐 우울하고 의욕이 없어서 축 처져 있다가도 갑자기 온몸이 긴장되면서 신경이 바짝 곤두선다고 했다. 그럴 때면 숨이 차고 가슴이 답답하여 견딜 수가 없었다. 마음을 진정시키기 위해 마시기 시작한 와인은 이제 매일의 일과가 되어버렸다.

일제는 6년 동안 동거하던 연인과 3달 전에 헤어졌다. 그가 자유롭게 살고 싶다며 짐을 싸서 나가버렸기 때문이다. 그래도 낮에 직장에 있을 때는 집중력이 떨어지기는 해도 그럭저럭 버틸 만했다. 하지만 퇴근해서 현관문을 여는 순간 마음이 무너져 내렸다. 그녀는 갈피를 못 잡고 집안을 서성거렸고 아무 일도 손에 잡히지 않다 보

니 집안 꼴도 말이 아니었다.

그녀는 매일 연인에게 전화를 걸었다. 음성이라도 들으면 좀 낫기 때문이었다. 참다 참다 도저히 못 참고 한밤중에 전화한 적도 있었다. 너무나 그가 보고 싶어서 빨래를 대신 빨아주겠다고 자청했다. 덕분에 그가 주기적으로 빨래를 가져다주고 가지러 왔지만, 그게 전부였다. 진심 어린 인사도, 신체 접촉도, 작별 인사도 없었다. 매번 그가 가고 나면 그녀는 '파출부가 된' 기분에 몸서리를 쳤다. '그렇게까지 하면서 그를 보려고 용을 쓰는' 자신이 너무 한심했다. 하지만 그를 못 보면 도저히 못 살 것 같아 그 짓을 그만두지도 못했다.

일제는 상담을 시작할 당시 2단계였다. 그녀는 자신의 행동을 후회하면서도 달리 어쩔 도리가 없다고 생각했다.

우리는 앞에서 화해의 희망을 버리지 못하는 1단계에 대해 배웠다. 그 희망이 이루어지지 못할 때면 당연히 실망감이 들거나 화가 치밀어 오른다. 화는 우리의 욕망을 채워주지 않는 상대를 향할 수도 있지만 자기 자신을 향하기도 한다.

자신을 향한 미움과 화는 자책 때문에 생겨난다. "어떻게 그 정도로 비굴하게 굴 수가 있지?" "지가 없어도 내가 얼마나 잘 사는지 보여주고 말겠어." "내가 한심해 죽겠어." "오늘은 절대 전화하지 말아야 하는데."

기본 패턴은 항상 같다. "달라져야 해." "그렇게 행동하면 안 되는 거였어." 우리는 다른 감정과 행동을 자신에게 기대하고 요구한다. 하지만 자신의 모습이 스스로 바라는 자아상에 부합하지 못한다. 그 모든 자책과 요구가 우리 마음에 화를 일깨운다.

대상이 자신이라 해도 화는 바람직하지 않다. 첫째, 과거의 행동은 화를 낸다고 해서 달라지지 않는다. 둘째, 화를 내면 앞으로도 달라지지 못한다.

하지만 일단 자신에게 화가 난다면 그걸 꾹꾹 눌러 참아서는 안 된다. 그랬다가는 술이나 약으로 화를 대신하거나, 화가 신체질환으로 발전하여 몸이 아플 수 있기 때문이다.

자신을 향한 화와 미움 다스리는 법

1 화를 인정하자.

지금 이 순간 당신 자신에게 화가 나는 것은 당연하다. 당신이 화를 불러올 생각을 하고 있기 때문이다. 당신은 자신이 할 수 있는 것보다 더 많은 것을 자신에게 기대한다. 당신이 자신에게 거는 기대를 생각하면 화가 나야 정상이다. 기대를 내려놓자. 당신은 할 수 있는 한 최선을 다해 이 상황을 이겨내려 노력했다.

다른 사람들과 비교하는 일은 정말 무의미한 짓이다. 물론 이별하고도 꿋꿋하게 잘 사는 사람이 많다. 하지만 그렇다고 해서 자신을 비하하는 일은 한심한 짓이다. 당신에게는 당신의 시간이 있다. 노력하고 새로운 마음가짐을 키워 지금과 다르게 행동할 시간이 필요하다. 지금껏 당신은 매 순간 옳다고, 최선이라고 생각한 행동을 하며 살았다. 그 행동을 바꾸려면 훈련이 필요하다.

2 분노를 표현하자.

화가 나면 표현해야 한다. 다만, 자신에게도 남들에게도 해롭지 않은 방법을 택해야 한다. 앞에서 헤어진 연인에게 화가 났을 때 그 화를 어떻게 표현할지 설명했다. 여기서도 그 방법을 적극적으로 활용할 수 있겠다.

3 자신을 용서하자.

거울 앞에 서서 자신의 눈을 바라보라. 그리고 큰 소리로 이렇게 말한다. "(이름)아/야, 난 네 행동을 용서해."

이 말을 하는데도 계속 화가 날 수 있다. 너무 놀라지 말자. 생각으로 용서하기 전에는 화가 사라지지 않는다. 용서를 몸으로 느끼려면 먼저 머리로 생각을 해야 한다.

어쩌면 이 말을 하는 순간 반발감이 솟구칠지도 모르겠다. "난 못해." "이게 무슨 짓이야." "거짓말." "다 용서해도 그것만은 용서 못해.” 이런 마음의 항의를 인정하면서 그에 맞서 새로운 생각을 들이밀어보자. 이 말을 반복해보자. “……아/야, 난 네 행동을 용서해.”

당신의 감정은 언제 용서할 것인지 말해줄 수 없다. 감정은 그저 머리의 생각을 되비출 뿐이다. 감정을 좇는다면 화는 계속 남을 것이다. 그러니 몸에 새로운 지시를 내리자. “용서할 거야.” 그럼 시간이 흐르면서 감정도 그 생각을 좇을 것이다. 감정은 당신이 생각을 통해 결정한 것만 할 수 있다.

4 아래의 질문이 화를 해소하는 데 도움이 될 것이다. 일기장을 꺼내 질문의 대답을 적어보자.

- □ 헤어진 연인에게 퍼붓고 싶은 욕을 적는다. 당신이 생각하기에 그는 어떤 나쁜 짓을 저질렀던가? 대답은 이렇게 시작해보자. “당신은 내게 이러저러한 짓을 저질렀어.”
- □ ‘그를 위해’ 당신이 했다고 생각되는 일들을 적어보자. 대답은 이렇게 시작해보자. “당신을 위해 나는 이러저러한 일들을 했어.”
- □ 당신이 보기에 연인이 ‘당신을 위해’ 해주었던 긍정적인 일들을 적어보자. 대답은 이렇게 시작해보자. “당신은 나를 위해 이러저러한 일들을 해주었어.”

첫 번째 질문의 대답을 보며 자문해본다. “그가 정말 이런 짓을 했던가? 혹시라도 내가 동의했던 것은 아닐까? 그도 어쩔 수 없었던 것은 아닐까?”

두 번째 질문의 대답을 보며 자문한다. “내가 그를 위해 그 일을 하도록 그가 강요했던가? 내가 내린 결정이 아니었을까? 사랑받기 위해, 칭찬받기 위해, 싸우는 게 싫어서 자발적으로 그랬던 것은 아닐까? 혹은 내가 바라는 것이 있어도 아무 말 안 했기 때문에 그는 전혀 몰랐던 것이 아닐까?

이제 마지막으로 세 번째 질문의 대답을 보며 자문해보자. 결산을 하려면 연인의 노력도 계산에 넣어야 한다. 화가 나면 많은 것을 왜곡하고 잘못 보거나 못 보고 지나치기가 쉽다.

이 세 가지 질문이 올바른 결산을 할 수 있도록 도와줄 것이다. 화를 가라앉히기 위해서는 자신의 몫과 책임 못지않게 연인의 몫과 책임도 함께 깨닫는 것이 중요하다.

이별 후 우리 몸의 반응

"온몸이 구석구석 안 아픈 데가 없어."

이별한 다음부터 이런 증상이 나타난다.

▪ 설사	예□ 아니오□
▪ 두통	예□ 아니오□
▪ 체중 감소와 식욕 감퇴	예□ 아니오□
▪ 폭식증	예□ 아니오□
▪ 성욕 감퇴	예□ 아니오□
▪ 가슴이 답답하다	예□ 아니오□
▪ 혈압 상승	예□ 아니오□
▪ 불면증	예□ 아니오□
▪ 집중력 장애	예□ 아니오□
▪ 기억력 장애	예□ 아니오□
▪ 변비	예□ 아니오□
▪ 알레르기	예□ 아니오□
▪ 위통	예□ 아니오□
▪ 속 쓰림	예□ 아니오□

- 심장이 빨리 뛴다 예 □ 아니오 □
- 울음이 터지면 멈추지 않는다 예 □ 아니오 □
- 땀이 비 오듯 쏟아진다 예 □ 아니오 □
- 손발이 차다 예 □ 아니오 □
- 마음이 불안하다 예 □ 아니오 □
- 세상만사 다 귀찮다 예 □ 아니오 □
- 자주 약을 먹거나 술을 마시고 담배를 피운다 예 □ 아니오 □
- 자기도 모르게 자꾸 한숨이 나온다 예 □ 아니오 □
- 재수 없는 일이 자꾸 일어난다 예 □ 아니오 □
- 문에 부딪히고 열쇠를 잃어버린다 예 □ 아니오 □

"예"라는 대답이 많다면 지금 당신은 몸으로도 위기를 함께 겪는 중이다.

위기 상황에 처하면 몸과 정신이 둘이 아니라는 사실을 새삼 절감하게 된다. 어느 때보다 신체의 힘이 필요한 시간이건만 몸마저 맥을 못 추고 시들시들 한다. 이렇듯 우리의 몸과 정신은 곧바로 연결되어 있다. 따라서 이 관계에 대해서 조금 더 설명이 필요할 것 같다.

머리에서 일어난 모든 생각은 몸에서도 반응을 일으킨다. 어떤 생각을 하는데 몸에서 아무 반응도 없는 경우란 없다. 뇌에 문제가 생겨 신체의 특정 부위와 연결되지 않는 경우가 아니고서야 그런 일은 있을 수 없다. 정상적인 사람이라면 짜증 나는 생각을 하면 짜증이 나고, 그 짜증을 특정 신체 부위와 장기에서도 느낀다. 긍정적인 생각은 즐거운 감정을 일으키고, 중립적인 생각은 평정한 마음을 불러온다.

이렇게 상상해보자. 당신은 외부 사건을 감각기관(눈, 귀, 코, 입, 피부)으로 인지하고 이 정보를 뇌의 한 부위인 대뇌피질로 전송한다. 그곳에서 정보는 위험하다, 의미가 없다, 긍정적이다 등의 평가를 받는다. 평가는 살면서 수집하여 저장한 정보를 바탕으로 내린다. 그럼 대뇌피질은 그 정보를 감정을 담당하는 뇌의 다른 부위, 림프계로 다시 전송한다. 이제 림프계는 신체에 구체적인 지시를 내린다. 대뇌피질이 그 사건을 위험하다고, 혹은 긍정적이라고 평가한다면, 우리의 온몸은 흥분하여 활성화된다. 그 결과 호흡이 빨라지고 심장이 뛰며 혈압이 오르고 근육이 긴장한다. 대뇌피질이 사건을 중요하지 않다고 평가한다면, 몸은 마음이 편안하거나 흔히 '정상'이라 부르는 상태를 유지한다.

우리 뇌의 특별한 재능은 그것으로 그치지 않는다. 우리는 주변에서 아무 일도 일어나지 않는데도 혼자서 감정을 불러일으킬 수 있다. 어떤 일이 일어난다고 상상하거나 과거의 사건을 떠올리기만 해도 충분하다. 그래서 흔히 이런 말들을 한다. "생각만 해도 입에

군침이 도네." "그 뻔뻔한 낯짝을 떠올리니 속에서 불이 난다."

그러니까 우리 뇌는 실제로 일어난 일과 상상한 일을 구분할 줄 모른다. 우리 뇌는 생각과 상상의 이미지에 의존한다. 실제로는 전혀 위험하지 않은 일도 우리가 위험하다고 평가하면 우리 몸에서는 곧바로 위험 신호가 느껴지고 위험하다는 느낌이 밀려온다. 그러므로 항상 생각의 진위를 잘 따져야 한다.

생존을 위해서는 몸과 뇌의 협업이 절대적으로 필요하다. 무슨 소리가 들려서 도둑이 집에 들어왔다는 생각이 드는데 몸이 아주 느긋하다면 어떻게 되겠는가? 도둑을 잡거나 도망을 치거나 도움을 청해야 할 텐데 어디서 그 힘을 끌어낸단 말인가?

동물의 왕국을 돌아보면 동물들도 위험이 닥칠 때 우리와 똑같은 신체 반응을 보인다. 숨이 가빠지고 근육이 긴장하며 심장이 빨리 뛰고 성욕이 감퇴한다. 이런 신체 반응은 도주하거나 싸우기 위해 필요하다.

하지만 정반대의 반응을 보이는 동물도 많다. 신체 반응을 최소로 낮추어 죽은 것처럼 가만히 있는다. 싸움이나 도망은 인간의 공격, 미움, 공포와 유사하다. 죽은 척하는 것은 우울과 무기력에 비교할 수 있을 것이다. 우리가 느끼는 감정은 항상 신체로도 표현된다. 그래서 흔히 이런 말들을 하는 것이다.

화가 나면,
"눈에 아무것도 안 보여."
"속이 홀랑 뒤집혀."
"피가 마른다 말라."
"꼭지가 돌겠네."
"사지가 부들부들 떨려."

불안하면,
"심장이 튀어나올 것 같아."
"숨이 멎을 것 같아."
"꼼짝도 못 하겠어."
"오줌 지릴 것 같아."

이별했는데 몸에 아무 이상도 없다면 그것이 더 이상하다. 물론 불편의 강도와 불편한 신체 부위는 사람마다 다를 것이다. 누구나 스트레스에 특히 취약한 신체 부위가 있기 마련이다. 어떤 사람은 심혈관계가 약해서 혈압이 오르고 어지럽고 반대로 혈압이 떨어지기도 한다. 또 어떤 사람은 비위가 약해서 설사를 하거나 변비가 생기고 속이 쓰리고 위염이 생기며 식욕이 떨어지거나 폭식을 한다. 그런가 하면 머리나 등이 아프고 하복부가 불편한 사람들도 있다.

물론 모든 신체 증상이 심리적 이유라고 주장하려는 의도는 아니다. 하지만 그런 경우가 너무너무 잦다. 특히 감정을 밖으로 드러내지 않고 꾹꾹 억누르는 사람들은 신체 불편으로 고통받는 일이 많다. 모든 생각은 신체에서 반응을 일으키는 법인데 감정을 밖으로 드러내지 않는 사람들이 우리 주변에 너무 많다는 사실을 생각한다면 지극히 당연한 결과가 아니겠는가.

특히 남성이 이 경우에 많이 해당한다. 어릴 적부터 남자는 울지 않는다는 식의 교육을 받았기 때문이다. 이런 사람들은 화가 나거나 불안해도 겉으로는 전혀 내색하지 않는다. 그러다 보니 긴장이 몸에 남아 몸을 중독되게 한다. 겉보기에 강하고 자신감이 넘친다고 해서 속으로도 평온하고 차분한 것은 절대 아니다. 몸의 상태는 생각과 마음가짐이 결정한다. 무슨 사건이든 성급히 위험하다고 평가해버리는 사람은 "살다 보면 다 수가 생기겠지."라고 생각하는 사람보다 훨씬 몸의 긴장도가 높을 수밖에 없다.

실제 생명이 위태로울 때 싸우거나 도망치거나 죽은 척하는 동물과 달리 인간은 훨씬 더 다양한 반응을 보일 수 있다. 하지만 무엇이 위험한 것인지는 타고날 때부터 알지 못한다. 위험한지 아닌지를 판단하는 지식의 대부분은 어릴 적에 배운 것이다.

이때 부모와 보호자가 결정적인 역할을 한다. 우리는 그들에게서 무엇을 해도 좋은지, 어떤 것이 좋고 나쁘고 옳고 그른지, 어떤 것이 위험한지를 배운다. 그들을 보며 어떤 상황에서 화를 내고 불안에 떨고 기뻐하고 절망할지, 어떤 신체 반응으로 감정을 표출할지도 배운다. 가령 어떨 때 울고 어떨 때 밥을 굶고 어떨 때 화를 내야 하는지, 비판과 실수, 이별과 죽음에 어떻게 대처해야 하는지를 배운다. 그러나 부모와 다른 보호자들이 주요 모델이기 때문에 선택할 수 있는 반응의 가능성은 그리 크지 않다.

물론 나중에 어른이 되면 과거에 익힌 이 해묵은 반응 패턴을 우리 뜻대로 바꿀 수 있다. 하지만 그러자면 시간과 노력이 필요하다. 앞서 생각 바꾸기 과정에서도 보았듯 적지 않은 시간과 공을 들여야 한다.

하지만 분명한 것은 언제든 자신의 마음가짐을 바꿀 수 있고 그를 통해 감정과 신체 반응을 바꿀 수 있다. 그리고 당신은 지금 그 길을 가고 있다.

이별의 위기는 당신의 취약한 지점을 분명히 드러낸다. 당신의 자존감이 얼마나 되는지, 자신과 타인을 바라보는 당신의 마음가짐이 어떤지, 위기에 처했을 때 당신이 어떤 감정과 신체 반응을 보이는지를 여실히 드러내 알려준다. 이 상황이 위험하다고 평가한다면 신체적 불편이 뒤따를 수밖에 없다.

약을 먹고 술을 마셔서 잠시 그 불편을 잊을 수는 있겠지만, 약효가 떨어지고 술이 깨면 금방 되돌아올 증상들이다. 그런 수단은 잠시 증상을 완화할 뿐 문제를 해결하지 못한다. 문제의 원인인 생각을 바꾸지 못할 뿐더러 오히려 중독을 일으킬 수 있다.

당신의 몸은 지금 만사 다 정상이라는 신호를 보낼 수가 없다. 몸은 마음의 거울이다. 마음이 편하면 몸도 금방 편해진다. 감정과 신체 반응의 협업을 다시 한번 강조하는 뜻에서 당신이 지금 느낄 수 있는 신체 증상과 해당 감정을 보기 좋게 정리해보기로 하겠다.

감정과 신체 반응

- □ 화와 미움. 관절염, 변비, 등 통증, 수면장애, 위염, 고혈압, 두통, 식욕부진, 식탐, 담석, 심장을 찌르는 듯 아픈 통증.
- □ 절망. 식욕부진, 무기력, 수면장애, 변비, 성욕 감퇴, 가슴의 압박감. 목의 이물감, 면역력 저하, 저혈압.
- □ 불안. 수면 장애, 설사, 땀, 면역력 저하, 심장이 두근거림, 가슴이 답답함, 어지러움, 두통, 위점막염.

이런 증상이 있거든 일단 병원을 찾아가서 진단을 받아야 한다. 하지만 의사에게 지금 어떤 상황에 있는지를 반드시 설명해야 한다. 그래야 의사가 올바른 진단을 내릴 수 있다. 향정신성 의약품은 먹지 않는다. 처방을 받았다 해도 4주 이상 복용은 안 된다.

어떻게 우리 몸을 도울 수 있을까?

잠

이별을 겪은 사람은 거의 모두가 수면장애를 앓는다. 새벽에 눈이 떠져 계속 뒤척이고 수면 부족으로 힘든 몸을 이끌고 겨우겨우 하루를 버티다가 해가 지기 무섭게 다시 드러눕는다. 잠을 못 자니 피곤해서 죽을 것만 같다.

그렇다고 너무 걱정할 필요는 없다. 지금 이 순간엔 수면장애가 정상적인 반응이니까 말이다. 그래도 조금만 노력한다면 수면장애를 이기는 데 많은 도움이 될 것이다.

- □ 잠자기 전 따뜻한 물로 목욕하면 몸이 풀린다
- □ 잠자기 전에 따뜻한 우유 한 잔에 꿀을 타서 마시거나 수면에 도움이 되는 허브차를 마신다. 술은 금물이다.
- □ 졸리지 않아도 정해진 시간에 잠자리에 들고 매일 아침 같은 시각에 일어난다. 낮에 낮잠을 자지 않는다. 그래야 신체가 리듬을 회복할 수 있다.
- □ 자리에 누웠는데 머리가 복잡하거든 일어나 머리에 떠오른 생각들을 일기장에 적어본다. 그리고 다시 자리에 누워 속으로 이렇게 말한다. "내일 처리하자."

그래도 잠이 안 오면 호흡으로 긴장을 풀어보자. 특히 다음의 두 가지 방법은 많은 사람이 효과를 인정하는 방법이다.

복식호흡법

손바닥을 배꼽 아래 2cm 지점에 갖다 댄다. 숨을 깊게 들이쉬면서 숨이 천천히 손을 타고 아래로 내려간다고 상상해보자. 숨이 배로 내려가 배가 불룩해지면서 배에 얹은 손바닥이 함께 올라간다. 이번에는 다시 숨이 천천히 가슴으로 돌아가 코를 타고 밖으로 나간다고 상상한다. 배가 쑥 내려가고 배에 얹은 손바닥도 내려간다. 이 호흡법을 몇 분 동안 반복한다. 산소 유입이 줄어 마음이 안정될 것이다.

긴장완화법

평소보다 더 깊게 숨을 들이쉰 후 멈추지 말고 다시 내뱉는다. 숨을 완전히 내뱉은 후에 약 6~10초 숨을 멈춘다. 자신에게 가장 적당한 시간을 찾아본다. 머릿속으로 1001에서 1006까지, 혹은 1010까지 센다. 다시 숨을 들이쉬었다가 내쉬고 이번에도 다시 6~10초 숨을 멈춘다. 이 호흡법을 2~3분 반복하면 눈에 띄게 긴장이 풀리며 마음이 안정될 것이다. 이 호흡법은 산소 유입을 줄여 긴장을 풀어주며 숫자를 세기 때문에 정신적으로도 긴장완화 효과가 있다.

마음이 불안할 때는 언제나 낮과 밤을 가리지 않고 이 두 가지 방법을 사용할 수 있다. 특히 이별의 아픔을 겪고 있는 지금이야말로 큰 효과를 볼 수 있는 시기일 것이다. 잊지 말자. 당신의 몸은 지금 경보 상태이므로 편히 쉴 수가 없다. 지금이야말로 잠이 필요한 시기인데 몸이 쉬이 잠을 이루지 못한다. 다시 균형을 회복하려면 시간이 필요하다.

일상

이별했다고 일상의 의무가 면제되지는 않는다. 직장에 다닌다면 평소대로 맡은 업무를 처리해야 하고 아이들이 있다면 여전히 돌봐주어야 하며 그 밖에도 온갖 일상의 의무들을 해결해야 한다. 하지만 우리의 몸과 마음은 그 일들을 예전처럼 척척 해낼 수가 없다. 집중도 잘 안 되고 기억력도 눈에 띄게 줄어든다. 그러니 어느 정도 수준에서 타협해야 한다. 너무 잘하려고 애쓰지도 말고 그렇다고 완전히 넋이 나가서 두 손 놓고 있어도 안 될 것이다.

□ 지금 이 순간에는 자신에 대한 기대치를 낮추자. 직장에 다닌다면 결근하지 않고 맡은 업무를 처리하는 것으로 이미 충분하다고 생각해야 한다. 당신은 지금 집중할 수도 없고 창의력을 발휘할 수도 없으며 새로운 것에 호기심을 발동할 수도 없다. 가능하다면 동료들에게 사정을 설명하고 당분간 능률이 떨어지더라도 양해해달라고 부탁하자.
직장에 나가지 않는다면 아침에 일어나서 청소를 하고 장을 보고 음식을 하는 것만 해도 대성공이다.

□ 많이 쉬어라. 한동안 과로는 피한다. 당신의 몸은 지금 평소보다 훨씬 더 많은 에너지가 필요하다.

□ 매일 조금이라도 운동해보자. 연구 결과를 보아도 산책이나 스트레칭 같은 신체활동이 우울증을 완화할 수 있다고 한다.

식사

위기에 대처하는 반응은 사람마다 다르기에 식습관에서도 차이가 난다. 어떤 사람은 소화가 안 되어서 통 밥을 못 먹는데, 또 어떤 사람은 먹을 것에만 집착해서 온종일 음식을 입에 달고 사는 사람도 있다. 아이스크림, 초콜릿, 케이크를 가리지 않고 건강에 좋지 않은 각종 먹거리를 연신 종일 먹어대며 커피도 사발로 들이킨다. 평소와 달리 식사 예법도 무너져서 서서도 먹고 핸드폰에서 눈을 떼지 않는다. 이러거나 저러거나 당신의 몸은 지금 그 어느 때보다 건강한 음식이 필요하다. 음식이 에너지를 주고 마음을 달래기도 하지만 불안과 우울을 초래하기도 하기 때문이다.

□ 술과 담배, 약은 금물이다. 처음에는 잠깐 마음을 달래려는 목적이겠지만 술, 담배나 약에 의존하게 되면 복용량이 자꾸 늘어 결국 중독이 될 수밖에 없다.

□ 물과 허브차를 많이 마시자. 스트레스는 수분 함량에 문제를 일으킬 수 있다. 목이 마르지 않더라도 물을 많이 마시자.

□ 통곡물 음식, 샐러드, 과일, 채소를 먹자. 대단한 요리를 하란 말이 아니다. 그럴 필요도 없다. 오트밀과 과일을 요구르트에 넣어 먹거나 그냥 과일만 먹어도 좋다. 오이와 당근을 씻어 그냥 베어 먹으면 된다. 한꺼번에 요리를 많이 해서 냉동시켰다가 조금씩 꺼내 먹어도 된다.

□ 식사는 규칙적으로 하자. 먹기 싫어도 시간을 지켜 조금이라도 먹자.

□ 식사에 공을 들이자. 귀찮아도 식탁을 꾸며보자. 당신은 그 정도 공을 들일 자격이 있는 사람이다.

□ 비타민 B, C, E와 마그네슘을 챙겨 먹자.

꿈

잠이 든 밤에도 당신의 몸은 균형 상실의 징조를 보인다. 많은 사람이 악몽을 꾸다 잠에서 깬다. 꿈은 이 순간 당신이 가장 골몰하고 있는 것이 무엇인지를 말해준다. 낮에는 그럭저럭 잘 지내지만, 꿈에선 여전히 극적인 장면이 연출된다.

이별의 초반에는 주로 뭔가를 찾는데 못 찾는 꿈을 자주 꾼다. 이별을 인정하고 싶지 않은 1단계의 상태와 맞아떨어지는 내용이다. 그러다 2단계로 넘어가면 찾던 것을 찾았지만 간직할 수 없고, 찾던 것을 보았지만 내 것으로 만들 수 없는 꿈을 많이 꾼다. 그 이후엔 내려놓는 꿈이다. 헤어진 연인을 보고도 그냥 지나칠 수가 있다.

chapter 05

3단계

이별 극복의 단계

• • •

당신이 과연 이 "이별 극복의 단계"에 접어들었을까? 궁금하다면 다음의 질문에 대답해보자. "예"라는 대답이 많다면 당신은 이미 3단계에 진입한 것이다.

- 다시 직장 일에 집중이 잘 되는가? 일상의 의무들을 잘 처리할 수 있는가? 예 □ 아니오 □
- 가끔은 즐거울 때도 있는가? 예 □ 아니오 □
- 전 연인 이야기를 해도 덜 울고 덜 슬픈가? 예 □ 아니오 □
- 다른 사람이나 사건에 다시 관심이 가는가? 예 □ 아니오 □
- 전 연인을 만나도 견딜만한가? 예 □ 아니오 □
- 전 연인을 완전 까맣게 잊는 순간도 생기는가? 예 □ 아니오 □
- 마음이 더 단단해져서 이 위기도 무사히 이겨낼 수 있다는 믿음이 드는가? 예 □ 아니오 □
- 전 연인을 떠올려도 화가 많이 나지 않고 미운 생각도 덜 드는가? 예 □ 아니오 □
- 재결합의 희망을 완전히 접었는가? 예 □ 아니오 □

"예"라는 대답이 여러 개라고? 짝짝짝! 축하한다. 당신은 벌써 상당히 전진했다. 너무 느린 것 같고 산꼭대기가 여전히 너무 까마득해 보여도 인내심을 잃지 말자. 당신은 최선을 다하는 중이다. 당신이 오를 산은 동네 공원이 아니라 해발 3천m의 높은 산이다. 익숙해지지 않으면 숨이 차고 땀이 비 오듯 쏟아질 것이다. 그러니 지금 이 순간은 잠시 걸음을 멈추고 저 아래를 내려다보며 경치를 즐겨도 좋을 것이다. 이만큼 올랐으니 경치도 멋질 것이다.

긴장과 화, 절망의 시간이 많이 줄었다. 물론 아직 꼭대기는 아니다. 잃었던 자존감이 다 돌아오고 마음과 몸이 다시 완전히 튼튼해지지는 못했다. 그래도 길은 구불구불 정상을 향해 나아간다. 가끔은 뒷걸음을 쳐서 부정적인 감정이 다시 강렬해질 수도 있다. 하지만 당신은 지금 출발 지점인 저 아래 골짜기를 내려다보며 이만큼이라도 올랐으니 얼마나 다행이냐고 기뻐할 수 있다.

서서히 평온이 찾아오고 주변을 향해 다시 온몸의 감각을 열어젖힐 수 있다. 홀로 주말을 보내는 것이 그렇게 괴롭지 않고 오히려 혼자 있어 더 좋다고 느낀다. 다시 취미활동을 시작하고 신문을 읽을 수 있게 되며 새로운 사건과 사람에게로 관심을 돌릴 수 있다. 진심으로 호탕하게 웃을 수 있는 순간도 있다. 어차피 그와의 관계는 문제가 많았음을 깨달을 수도 있다. 이제 온전히 작별을 고할 시간이 온 것이다.

마침표를 찍다

"연인과 헤어진 건 내 인생의 중요한 경험이었어."

벌써 저 멀리 떠나간 과거의 관계라 해도 최종적으로 마침표를 찍기는 쉽지가 않다. 그러기 위해서는 다시 몇 단계가 필요하다. 온전히 헤어지기 위해선 전 연인에 대한 사랑과 그리움을 접어야 한다. 그를 향한 화와 미움을 접어야 한다. 그에 관한 생각과 말을 멈추어야 한다. "두 번 다시 그럴 수 없을 거야."와 같은 절망의 생각을 "난 할 수 있고 하게 될 거야."라는 희망의 생각으로 바꾸어야 한다. 새로운 목표를 찾고 새로운 관계를 시작해야 한다.

문제가 많고 자신감이 떨어지는 시기에는 누구나 과거의 좋았던 일들을 자꾸 떠올리는 경향이 있다. "그는 알뜰히 나를 챙겼지. 그런 사람을 또 만날 수 있을까?" 그가 선물을 주던 장면, 다정하게 안아주던 장면이 자꾸만 떠오른다. 사람들을 만날 때면 절로 이런 생각이 든다. "그가 있었으면 이렇게 겉돌지 않을 텐데." 경제적으로 어려울 때면 그의 지원이 절실하다. 휴일에 커플이 손을 잡고 걸어가는 장면을 보면 울적해져 얼른 집으로 돌아오고 만다. 심지어 그가 새로운 여자와 손을 잡고 환하게 웃는 장면이라도 목격한다면 심한 자괴감이 밀려들고 분노와 질투와 시샘이 솟구친다.

시샘은 자신을 의심하고 있다는, 뭔가 '빼앗겼다'고 생각한다는 증거다. 연인이 이미 다시 가진 것을 우리는 여태 도로 가지지 못했다는 생각의 반증이다. 우리가 그를 미워하는 건 '그 사람 때문에' 우리가 지금 혼자 집에 죽치고 앉아 불행에 젖어 있다고 생각하기 때문이다. 어쩌면 미움의 대상이 헤어진 연인 한 사람으로 그치지 않고 널리 퍼져나가 세상 모든 남자와 여자가 미울지도 모른다.

전 연인과 친구로라도 지내고 싶다는 바람을 자주 느낀다. 하지만 이런 바람은 완전한 이별을 어렵게 만들 뿐이다. 다시 쓸데없는 희망에 부풀어 마음을 다잡지 못할 테니 말이다.

따라서 초기 단계에는 전 연인과 친구로 지내자는 생각은 금물이다. 이별의 마침표를 찍을 때까지 기다려야 한다. "그가 있어야 행복하다."라는 생각을 버릴 때까지 기다려야 한다. 친구로 남으려는 노력은 분리 과정을 더디게 만들 뿐이다. 잘못하다가는 나중에 좋은 친구로 남을 가능성마저 잃을 수 있다.

이별한 후에도 계속 집착하면서 전 연인을 보고 싶어 하는 사람이 있는가 하면 두 번 다시 보고 싶지 않다는 사람도 있다. 가능하다면 지구 정반대 편으로 이민을 가서 연을 딱 끊어버리고 싶다. 그런 마음 역시 고통을 조금이나마 줄이려는 의도겠으나 고통은 추억과 생각에 저장된 기대와 바람에서 나오는 것이기에 거리가 멀어진다고 해서 고통이 사라지지는 않는다. 다른 도시로 이사하는 건 그곳에서 원하던 일자리를 찾았거나 마음에 드는 집을 발견했을 경우에만 추천한다.

고향이나 옛 친구들에게로 돌아가는 것은 유익할 수 있다. 하지만 감정에서 벗어날 수 있는 사람은 없다. 어디를 가도 우리는 생각과 경험과 감정을 어깨에 지고 다닌다. 장소를 바꾼다고 해서, 직장을 바꾼다고 해서 그 생각과 감정이 사라지지는 않는다.

지루한 이혼 소송, 자녀면접교섭권으로 인한 지속적인 접촉, 시부모나 장인 · 장모와의 지속적인 관계, 전 연인과 바로 곁에 사는 경우, 세금 문제, 집을 못 구해서 함께 거주하는 경우나 직업상 같이 일하는 경우라면 마침표를 찍기가 훨씬 더 힘들 것이다.

미래의 계획을 세우고 새로운 친구와 경험에 마음을 열 수 있으려면 그 전에 먼저 다음의 질문에 답을 찾아야 한다.

□ 어떻게 해야 완전히 관계를 끝낼 수 있을까?

□ 어떻게 해야 그를 사랑하지 않을까?

□ 어떻게 해야 그를 미워하지 않을까?

□ 어떻게 해야 과거와 평화조약을 맺을 수 있을까?

전 연인을 향한 그리움과 미움, 생각은 아직 당신이 과거에 산다는 증거다. 과거의 생각이 미래의 활동을 가로막고 자괴감을 몰고 오는 것이다.

마침표를 찍는다는 것은 전 연인과 과거의 경험을 잊는다는 뜻이 아니다. 만일 그렇다면 너무 안타까운 일이다. 마침표를 찍는다는 것은 격한 감정 없이도 과거를 생각할 수 있다는 뜻이다. 앨범을 뒤적이면서 차분히 이렇게 생각한다는 뜻이다. "그와 함께하며 좋은 일도 많았고 나쁜 일도 많았지. 이러저러해서 끝난 관계지만, 내 인생의 중요한 부분이었어. 지금 보니 그 시절은 이러저러했던 것 같아."

일이 있거나 일자리를 찾을 수 있고 친구들이 많다면 아무래도 이별의 마침표를 찍기가 훨씬 수월할 것이다. 하지만 아무것도 없다 해도, 일자리나 친구나 내 편이 하나도 없어도 당신은 해낼 수 있다. 당신은 부모로부터 무사히 독립했듯 전 연인으로부터도 완전히 분리될 수 있을 것이다. 마음의 빈 자리를 마침내 스스로 채우는 방법을 배울 수 있을 것이다.

어떻게 하면 그를 향한 미련을 떨쳐낼 수 있을까?

1 그를 사랑한다고 느낀다면 그 감정을 인정하라.

그러나 그에 대한 생각이 감정과 생활을 완전히 잡아먹어서는 안 된다. 왜 그가 당신을 떠났을까? 그런 고민은 아무리 해봤자 자괴감만 커진다. 솔직히 감정을 완전히 접지 않는 것이 오히려 득이 될 때도 있다. 한 걸음도 떼지 않고 지금 이대로 가만히 있을 핑곗거리가 될 수 있으니 말이다. "난 여전히 그를 사랑해." 이렇게 말하면 다시 실망할 일이 없다. 새로운 사람을 만나 사랑에 빠질 수가 없을 테니 말이다. 그를 여전히 사랑한다고 하면 주변 사람들이 불쌍해서 호감을 보일 수도 있다. 어쩌면 헤어진 연인이 다시 돌아올 희망이 있다는 말을 그들에게서 듣고 싶은 것일 수도 있다.

과거를 실제보다 더 아름답게 치장하지 않도록 조심하자. 과거는 미화되기 쉽다. 전 연인은 당신과 똑같이 장단점을 고루 갖춘 인간이다. 그와 함께 보낸 시간에 감사하는 건 좋지만, 그 시절을 낙원으로 포장해서는 안 된다. 과거의 삶에서 그가 한자리를 차지한 것은 맞지만, 당신 인생의 가장 중요한 자리는 아니었다. 그와의 관계 역시 당신 인생의 큰 모자이크를 메우는 하나의 작은 돌에 불과하다.

2 애도 의식을 통해 의도적으로 작별을 고한다.

마침표를 찍기에 매우 효과적이라는 극적인 방법을 하나 소개할까 한다. 한마디로 요약하면, 정해진 시간 동안 울고 싶은 만큼 실컷 울고 표현하고 싶은 만큼 실컷 고통을 표현하는 방법이다. 비유럽 문화권에는 애도 의식이란 것이 있다. 시간을 정해놓고 그 기간 동안 죽은 사람을 애도하면서 슬픔을 실컷 표현하는 것이다. 그러니까 당신도 이런 애도 기간을 정해놓고 그 시간 동안 슬픈 추억에 푹 빠져보는 것이다.

우리 몸은 극도의 긴장과 흥분을 계속해서 견딜 수 없다. 추억과 절망에 빠져 허우적거리다 보면 어느 순간부터 자동으로 고통이 잦아든다. 우리 몸이 힘이 달려 더는 슬픈 자극에 반응할 수가 없기 때문에 스위치를 꺼버리는 것이다. 그럼 문득 고통이 사라지면서 멍해지는 순간이 찾아온다.

하루를 정해 애도 의식의 날로 잡는다. 최소 6시간은 필요하다. 그 시간동안 추억에 푹 잠길 것이다. 쓸쓸한 기억을 일깨울 추억의 날인만큼 결혼기념일, 연인의 생일, 명절, 주말 등이 적당할 것이다.

애도 의식에 도전해보기로 결심했는가? 그렇다면 이렇게 해보자.

애도 의식

별일 없는 하루를 골라 날을 잡는다. 감정이 주체가 안 될까 봐 걱정되거든 친구에게 옆방에 있어 달라고 부탁한다. 하지만 절대 당신이 있는 방으로 들어와 위로해서는 안 된다. 연민과 위로가 고통을 약화해 마침표를 찍지 못하게 만들 것이고, 그 결과 고통의 시간만 늘어날 뿐이다. 전문가가 필요하다면 심리치료사에게 부탁해도 좋다.

그 전에 술이나 담배, 음식으로 고통을 약화해서는 안 된다. 고통을 온전히 느껴야 하기 때문이다.

전화를 끄고 커튼을 치고 전 연인이 제일 좋아했던 옷으로 갈아입는다. 이 하루를 온전히 고통에 집중하기로 결심한다. 기분이 울적해질 만한 일을 전부 다 한다. 눈물을 몽땅 쏟아내야 치유가 되는 법이다.

앞서 그와의 추억이 담긴 물건들을 상자에 넣어 보관해두라고 권했다. 그 상자를 꺼내 가장 강렬한 추억을 소환해줄 물건을 찾아보자. 그것을 하나씩 꺼내 보며 추억에 젖는다. 어떤 순간이었는지, 그가 얼마나 다정했는지, 그가 당신을 어떻게 불렀고 어떻게 포옹했는지, 얼마나 행복했는지, 그의 모습은 어땠는지 떠올려보자. 물건에 담긴 추억을 아주 작은 것까지 다 불러내 떠올린 후에야 눈물이 멎을 것이다.

고통이 심할수록 효과도 크다. 아무 느낌도 감각도 없고 그냥 멍할 때까지 실컷 울고 흐느끼고 통곡해보자. 마음이 조용해질 때까지 절대 도중에 포기하면 안 된다. 아마 무척 힘들 것이다. 하지만 힘든 만큼 효과도 커서 마음이 한결 가벼워질 것이다. 또 이제부터는 불현듯 예고 없이 감정이 폭발할까 봐 걱정할 필요도 없을 것이다.

이날만큼은 복수나 전 연인의 부정적인 측면은 생각하지 말자. 이날은 잃어버린 그의 장점에 온 관심을 모으는 날이다.

도전했는가? 그렇다면 당신은 용기 있는 사람이며 큰 걸음을 앞으로 성큼 내디뎠다. 슬픔을 조금씩밖에 표현하지 못하면 새로운 상황에 적응하는 시간도 자꾸만 늦춰질 것이다. 당신은 이미 크게 한 걸음을 내디뎠으니 이제는 훨씬 더 차분한 마음으로 고통 없이 과거를 떠올릴 수 있을 것이다.

애도 의식을 치렀는데도 여전히 한 번씩 슬픔이 밀려오는가? 이렇게 뒷걸음질 치는 자신도 인정하고 받아들이자. 뒷걸음질이 잦아진다면 애도의 날을 하루 더 잡는 것이 좋겠다. 그날에는 아직도 고통스럽게 느껴지는 주제에 골몰해보자. 아마 두 번째는 6시간을 다 채우지 않아도 평온을 되찾을 수 있을 것이다. 3시간만 지나도 마음이 담담해지면서 고통이 물러날 것이다.

3 다음과 같이 생각하자. "우리 관계는 끝났어. 이제 그만 그를 놓아줄 거야."

그가 생각날 때마다 이 말을 되풀이하자. 앞서 생각 바꾸기 과정에서도 보았듯 반발감이 일 수도 있다. "아냐, 거짓말이야. 놓아주지 않을 거야." 이런 기분이 들더라도 되풀이하자. "우리 관계는 끝났어. 이제 그만 그를 놓아줄 거야." 시간이 흐르면 생각이 바뀔 것이고 감정도 따라 변할 것이다.

4 그가 그리우면 그의 나쁜 점을 생각하자.

물론 애도의 날은 예외이다. 당신과 그의 관계는 좋은 경험 못지않게 나쁜 경험도 많았다. 그는 좋은 점 못지않게 나쁜 점도 많았다. 그 사실을 잊지 말자.

어떻게 하면 그를 향한 미움과 화를 풀 수 있을까?

연구 결과를 보면, 이별을 겪은 사람은 평균 3년은 지나야 전 연인을 미워하지 않는다고 한다. 특히 아래와 같은 상황이라면 그 기간이 더 늘어날 것이다.

- □ 헤어지고도 경제적으로 전 연인에게 의존하는 경우
- □ 아이들을 키우고 싶지만, 양육권이 전 연인에게 있는 경우
- □ 헤어진 연인이 새로운 사람을 만나 잘살고 있는 경우
- □ 혼자 살기 싫은데도 혼자 사는 경우
- □ 둘이 같이 장만한 집에서 전 연인이 혼자 사는 경우
- □ 예전보다 경제적 상황이 많이 어려워진 경우
- □ 경제적인 이유로 일을 다시 시작한 경우

이런 상황에서는 운명을 받아들이고 화를 삭이기가 쉽지 않다. 상황을 바꿀 수만 있다면 운명과 맞서 싸우는 것도 나쁘지 않다. 하지만 바뀌지 않을 상황에서는 아무리 반항한들 나만 손해다. 혼자로 돌아간 이 새로운 상황에 적응하는 것만 해도 충분히 고단하고 힘들다. 그런데 굳이 그 상황에 저항하겠다며 에너지를 소비해야겠는가?

결정권은 당신에게 있다. 상황은 바꿀 수 없어도 감정은 바꿀 수 있다. 전 연인이 당신을 떠났다는 사실이 화와 미움을 불러오는 것이 아니다. 당신을 화나게 하는 것은 당신의 생각이다. "이럴 수는 없어. 어떻게 나한테 이런 짓을 할 수가 있어."와 같은 원망과 분노다.

얼마나 오래 이 단계에 머물고 싶은가? 밉지 않고 화나지 않는 이별은 없다. 하지만 언제든 그 화를 멈출 수 있다. 그건 오로지 당신의 결정이다.

미움과 화가 사라지지 않으면 치유도 발전도 불가능하다. 화와 미움은 마음과 몸을 망친다. 그 상태로는 절대 타인에게 마음을 열 수가 없다. 과거에 누군가에게 괴롭힘을 당했다고, 상처를 입었다고 확신한다면 앞으로도 또 그런 일이 일어날까 무서울 것이다. "사랑할 때마다 상처받을 거야."라는 두려움 탓에 기회가 있어도 영영 새로운 관계를 맺지 못한다. 사람을 불신하고 경멸하게 된다.

그러니 아직 미움이 남은 상태에서 관계를 시작한다면 나쁜 경험을 되풀이할 확률이 높다. 부모님, 선생님, 상사를 미워할 때도 마찬가지다. 또다시 당신을 그런 식으로 대접하는 사람을 만나게 될 것이다. 아무리 새로운 관계를 맺고 또 맺어도 전혀 새롭지 않을 것이다. 지금 화와 미움에 대처하는 방식이 당신의 미래를 결정할 것이다. 그런 이유 때문에라도 자신과 전 연인을 용서해야 한다.

"용서요? 절대 용서 못 해요. 어떻게 그런 인간을 용서해요?" 당신의 항의가 여기까지 들린다.

그래도 잠시 내 말을 들어보자. 내가 말하는 용서는 그가 한 짓을 무마하자는 뜻이 아니다. 그럴 필요도 없다. 내가 말하는 용서는 당신 자신을 위한 용서다. 그의 행위는 인성의 표현으로 받아들이자는 뜻이다.

좋은 인간이 되라는 것도, 타인의 책임을 면제해주라는 것도 아니다. 용서는 완전히 이기적이다. 한 사람이 당신의 인생에 들어오면 그 사람은 당신의 일부가 된다. 그를 비난하는 일은 당신의 일부를 독살하는 행위와 같다.

자신에게 그런 짓을 하고 싶은가? 그 사람을 떠올리거나 생각할 때마다 피가 거꾸로 솟고 근육이 긴장하면 좋겠는가? 남에게 당신의 행불행을 떠맡기는 것이 좋은가? 화는 당신의 건강을 위해서라고 생각하며 삭여야 한다. 화는 몸과 마음을 다 해친다. 과거에 매달려 불행의 탓을 전 연인에게 돌린다면 결코 행복해지지 못할 것이다.

과거를 생각하느라 이미 많은 시간을 보냈다. 친구들에게 그의 욕을 하느라 벌써 엄청나게 많은 시간을 허비했다. 그 시간을 생산적인 일에 투자했다면 어찌 되었을까? 자신을 가꾸고 미래를 계획하는 데 썼다면? 그 많은 시간을 당신이 통제할 수 있는 사람에게 투자하라. 그 사람은 바로 당신 자신이다.

"그가 당신에게 한 짓"에 골몰한다면 당신의 인생과 만족은 그의 손에 달려있다. 그의 결정을 이해하려 애쓰지 마라. 그의 입에서 잘못의 고백을 끌어내려 애쓰지 마라. 그가 이별을 택한 것은 그것이 옳고 필요하다고 생각했기 때문이다. 그가 영원히 함께하겠노라 약속했다 해도 당신은 소유권을 주장할 수 없다. 그 약속을 할 당시에는 그도 진심이었을 것이다. 하지만 세상만사는 무상하다는 것을, 당신도 그도 변한다는 것을 그는 미처 몰랐다.

화를 인정하고 건설적인 방식으로 표현하여 피해 의식을 털어내자(앞서 4장에서도 설명했다). 그런 다음, 그를 용서하는 연습을 해보자. 전 연인은 당신을 아프게 하려고 헤어진 것이 아니다. 당신을 괴롭히려고 헤어진 것도 아니다. 그런데도 당신이 그렇게 생각한다면 당신의 몸은 방어와 역공을 준비할 것이다.

그도 당신과 똑같이 힘들었을 것이다. 당신과 똑같이 마음을 접기 위해 애썼을 것이다. 당신과 똑같이 기분이 오락가락했을 것이고 고통스러웠을 것이며 화가 나고 불안했을 것이다. 어쩌면 지금도 그럴 것이다. 그가 당신과 결혼했을 땐 헤어져서 당신을 힘들게 하자는 의도가 아니었다. 그 역시 자신의 인생사와 인생관을 바탕으로 최선을 다하며 살았다. 아마 달리 행동할 수 있었더라면 그렇게 했을 것이다.

당신이 보기엔 그가 당신을 버렸고 그래서 당신은 화가 나고 그가 미워 마땅하다. 그가 돌아오지 않는다면 이제 영영 행복하고 만족할 수 없을 것이다.

그러나 내가 보기에는 화를 내기로, 상황과 불화하기로 결정한 사람은 당신이다. 그는 떠났다. 당신의 인생은 많은 부분에서 변화를 겪었다. 그러니 이 새로운 상황에 적응해야 하고 어떻게든 삶을 꾸려가야 한다. 감정의 통제권은 당신에게 있다. 그를 용서하기로 결정하면 그가 돌아오지 않아도 다시 행복해질 것이다. 차이를 알겠는가?

전 연인을 미워하고 당신의 감정이 오직 그의 탓이라고 생각한다면 절대 그 감정에서 헤어 나올 수 없다. 그의 행동을 질타하기 위해 꼭 화를 내야 할까? 그를 벌하기 위해 꼭 화를 내야 할까? 그런 상황에서는 화가 나는 게 당연하다고 생각하는가? 그러면 내가 도와줄 일이 없다. 당신이 의도적으로 화를 선택했다는 사실을 인정하고 받아들이자. 언제든지 화를 멈추고 싶다면 다시 이곳으로 돌아오면 된다. 상황을 받아들이고 용서해보기로 마음먹었다면 아래의 연습을 해보자.

1 용서하는 자세를 키우자.

전 연인의 사진을 앞에 놓고 그 사진을 보며 큰 소리로 말한다. "당신을 용서할 거야. 당신도 나름대로 최선을 다했겠지." 이런 말로 "어떻게 나한테 그럴 수가 있는가?"라는 식의 부정적인 감정을 지운다.

용서하는 연습을 해보자. 부정적인 감정이 계속 치밀어 오르더라도 큰소리로 자신에게 말하라. "당신을 용서할 거야." 알다시피 감정은 생각이 결정한다. 그러니 생각으로 먼저 그를 용서해야 감정도 따라온다. 그에 대한 원망이 솟구칠 때마다 이 말을 되풀이하다 보면 서서히 마음으로도 용서가 될 것이다. 일기장에 비난과 원망을 쏟아 냈다면 그 말 뒤에 이런 글을 추가해보자. "그래도 난 당신을 용서할 거야." 마음이 편안해질 때까지 이 말을 반복하자.

힘들더라도 도중에 그만두어서는 안 된다. 상황은 변치 않았으나 마음에 평화가 찾아온 느낌은 정말이지 놀랍고 아름답다. 그 기분을 당신도 느껴봤으면 좋겠다.

2 평가를 바꾸자.

연인이 상당 기간 바람을 피웠다면 특히 더 화와 질투심을 내려놓기가 힘들 것이다. '날 갖고 놀았다'는 생각에 치가 떨릴 것이다. 하지만 다시 한번 생각해보자. 그는 당신을 갖고 논 것이 아니다. 그가 딴 사람을 택한 이유는 당신이 줄 수 없거나 주려고 하지 않는 것을 그 사람에게서 얻었기 때문이다. 결코 당신이 매력이 없거나 가치가 없어서가 아니다. 그 사실을 숨긴 이유는 자기 행동에 당당할 자신이 없고 당신이 어떤 반응을 보일지 겁이 났기 때문이다.

3 운명과 불화를 겪지 말자.

"왜 하필이면 나인가? 세상은 불공평해. 내가 어쩌다 이런 꼴이 되었을까?"라는 생각이 들 때마다 생각을 바꾸어보자. "세상은 원래 불공평해." 세상이 당신 뜻대로 돌아가기를 요구할 권리가 당신에겐 없다. 세상에 반드시 당신 소망을 들어주어야 한다고 요구할 권리도 없다.

하지만 당신에겐 소망을 포기하고 새로운 상황에 적응할 능력이 있다. 과거에 매달려 현재와 불화를 겪지 말고 어떻게 해야 이 상황에서 벗어날 수 있을지를 고민하자.

새로운 자존감은 어떻게 생기나?

"난 괜찮은 사람이야."

이별이나 죽음으로 관계가 끝나면 우리의 자존감은 바닥을 친다. 반쪽짜리 인간이 된 기분, 완전히 실패한 인생이라는 기분이 들면서 열등감이 솟구친다. 관계가 끝난 원인을 찾다보면 늘 그 여정은 이렇게 끝이 난다. "내가 조금만 더 잘했더라면. 내가 너무 무능하고 멍청해. 내가 문제가 많아."

이별을 겪고도 금방 다시 일어서는 사람들은 이런 특징이 있다.

- □ 자신을 소중하고 가치 있는 사람으로 생각한다.
- □ 혼자서도 충분히 잘 살 수 있다고 믿는다.
- □ 다시 새 연인을 만날 수 있다고 믿는다.
- □ 살다 보면 어찌할 바를 몰라 도움을 청할 때도 있다고 생각한다.
- □ 직장이나 취미 활동이 있어서 연인과 상관없이 만족하며 산다.
- □ 연인과 같이 살 때도 친구들이 많아서 어려울 때 도와줄 사람이 늘 곁에 있다.

하지만 대부분의 사람은 관계가 깨지면 쓸모없는 사람이 된 것만 같다. 그 이유를 알기 위해서는 자존감의 발달 과정을 살펴볼 필요가 있다.

태어날 때부터 열등감에 시달리는 사람은 없다. 아기는 무엇이 정상인지 고민하지 않는다. 그저 먹고 싸고 자는 기본 욕구의 충족에만 관심이 있다.

우리 부모는 우리가 인간으로서 어떤 의미가 있는지를 그들의 행동을 통해 우리에게 전달한다. 우리가 실수하더라도 부모가 우리를 칭찬하고 안아주고 사랑할 수 있다면 우리는 실수가 많은 우리 자신을 인정하고 사랑하게 될 것이다. 자신을 사랑받을 가치가 있으며 '정상적'인 사람이라 생각하며 긍정적인 자존감을 키울 것이다.

하지만 부모가 자주 야단을 치고 욕을 하고 심지어 때린다면 우리는 환영받지 못하는 존재라고 느낄 것이고, 부모가 칭찬하고 안아줄 줄 모른다면 사랑받을 가치가 없는 존재라고 느낄 것이다. 타인의 기대를 채워줄 때만 사랑받을 수 있다고 배우고, 그 결과 불안하고 순응적인 인간으로 성장할 것이다. 혹은 부모가 너무 과잉보호하거나 과도한 요구를 할 경우에도 무엇을 성공해본 경험이 없을 것이므로 건강한 자존감을 키우기 힘들다. 부모님이 일찍 돌아가시거나 만성 질환을 앓거나 신체장애가 있다면 이 역시 자존감 발달에 부정적인 영향을 끼칠 수 있다.

어릴 적 우리는 부모나 보호자를 지켜보면서 자신을 거부하고 야단치고 비난하도록 배웠다. 부모의 말을 듣지 않으면 '나쁜 아이'라고 배웠다. 그래서 잘못된 '행동'을 했을 뿐인데도 우리의 인간 전체를 부정하고 비난하기 시작했다. 자신의 '부정적인 면'에만 눈길을 주느라 긍정적인 면을 미처 보지 못했고 자신이 정상이라고 생각해보지도 못했다.

자존감은 자신에 관한 생각에서 생겨나는 것이므로 우리는 체계적으로 열등감을 키웠다. 부정적인 측면에 집중할수록 자존감은 줄어들었고, 그렇게 악순환이 시작되었다.

어른이 된 우리는 '사랑받을 만큼 착하고 예쁘지 않다'는 생각과 그로부터 생겨난 열등감을 바탕으로 우리에게 '사랑받을 가치가 있다'는 느낌을 전해줄 연인을 찾아다닌다. 우리를 칭찬하고 사랑하고 이해하는 사람을 만나면 구름 위를 걷는 기분이 된다. 드디어 이 끔찍한 열등감에서 해방되는구나! 바람을 집어넣은 고무풍선처럼 자존감이 빵빵해져서 둥실 하늘로 떠올라 가는 것 같다. 사랑받는다는 이 멋진 기분을 놓치고 싶지 않아 우리는 욕망을 억누르고 포기한다. 무엇이든 연인에게 맞춰주며 갈등을 피한다.

하지만 사랑에 빠진 도취의 상태는 영원하지 않다. 시간이 가면서 칭찬 횟수는 줄어들고 연인의 눈길은 그의 마음에 들지 않는 우리의 면모로 향한다. 우리 부모가 그랬듯 이런저런 요구를 하고 이런저런 비난을 해댄다. 결국 우리는 다시 자괴감에 시달리고 마음이 편치 않다.

이는 정상이 아니다. 사랑받을 가치가 없다는 확신 탓에 애당초 때리고 욕하며 이런 확신을 재확인해줄 사람을 파트너로 선택하는 경우도 많다. 속으로는 사랑과 관심을 애타게 바라면서도 정작 사랑과 관심을 받으면 어찌해야 할지 모른다. 그래서 부모와 행동방식이 유사한 사람을 파트너로 택한다.

그토록 찾아 헤매던 인정과 칭찬을 연인에게서 찾았다면, 그와의 이별은 자존감을 심각하게 위협할 것이다. 연인을 통해 벗어버릴 수 있었던 부정적 생각과 감정이 다시 불쑥 나타날 테니 말이다. 연인을 잡아두지 못하는 무능한 인간, 실패한 인생이라는 패배감이 한꺼번에 밀려든다.

이렇게 우리는 다시 여행의 출발점으로 되돌아온다. 애타게 행복과 만족을 찾아 헤매었지만, 오히려 예전보다 더 행복에서 멀어지고 말았다.

당신도 실패한 인생인 것 같은가? 당신이 못나서, 사랑받을 가치가 없어서 이별 당했다고 생각하는가? 그렇다면 지금이야 말로 긍정적인 자존감을 키울 시간이다. 당신의 자존감은 당신의 책임이다. 연인이 줄 수 없는 것이다. 사랑받을 가치가 있는 사람이라는 느낌이 없다는 것은 당신의 책임이다. 그 책임을 전 연인에게 떠안긴다면 결국 그 관계는 실패하고 만다. 그가 들어줄 수 없는 요구를 하고 있기 때문이다. 연인이 아무리 많은 사랑을 주더라도 온종일 당신의 머리를 맴도는 자괴감을 그가 계속해서 지워줄 수는 없다. 연인은 당신을 떠나면서 바로 이 지점이 당신의 상처라는 사실을 알려주었다. 당신은 그 상처를 치유할 수 있다. 어린 시절과 과거는 바꿀 수 없지만, 상처는 치유할 수 있다.

지금 이 순간 당신은 스스로 열등감을 불러내고 있다. 자신이 실패한 인생이라고 생각하기 때문이다. 전 연인이 당신 탓을 하면서 이별을 통보했더라도 관계가 끝난 건 절대 한 사람의 책임이 아니다. 관계는 두 사람이 함께 만들어나가는 것이다. 당신이 동의하지 않는다면 연인은 절대 당신의 마음에 열등감과 자괴감을 불러올 수 없다. 당신의 열등감은 당신의 생각이 낳은 결과다. 이제 당신은 어른이므로 부모님도, 전 연인도 당신의 생각과 감정과 행동을 결정할 수 없다. 바로 그 사실을 기회로 삼아야 한다. 그 기회를 활용해 당장이라도 긍정적 자존감을 키울 수가 있다.

자존감 결핍은 연인 관계에 어떤 영향을 미칠까?

"난 문제가 많아." "연인이 있어야 행복해." 이런 믿음은 연인 관계에 다음과 같은 영향을 미친다.

- □ 연인이 당신을 비난하거나 거부하면 절망에 빠진다. 그래서 사랑과 이해를 구걸하고 안 되면 체념하여 열등감을 재확인한다.
- □ 연인이 친구를 만나고 취미 활동을 열심히 하면 질투심을 느낀다. 그래서 잔소리를 하고 불평을 해댄다.
- □ 연인이 불만을 느끼거나 마음이 상하면 죄책감을 느낀다. 그래서 더 잘해 보려고 안간힘을 쓴다.
- □ 연인이 요구를 들어주지 않으면 화가 난다. 그래서 버럭 화를 내거나 갈등이 두려워 화를 꾹 참는 바람에 심신질환을 앓는다.
- □ 연인이 떠날까 봐 겁이 난다. 그래서 바라는 것이 있어도 말하지 않는다. 연인의 요구는 무조건 다 들어준다. 자신의 약점을 숨긴 채 완벽한 사람인 척한다.

그러니 자신은 물론이고 타인과의 관계를 위해서도 긍정적인 자존감은 꼭 필요하다.

어떻게 하면 자존감을 키울 수 있을까?

1 생각 바꾸기 3단계를 훈련해보자. 자존감을 키우자고 적극적으로 결심하자.

자신을 속인다는 기분이 든다 해도 걱정할 필요 없다. 앞에서도 누차 말했듯 감정은 생각의 결과물이다. 오래도록 자신을 낮추어 보았다면 열등감을 느끼지 않을 수가 없다. 감정의 변화는 생각의 변화보다 시간이 오래 걸린다. 생각 바꾸기 3단계에서는 감정을 무시해야 한다.

감정의 말에 귀 기울이지 말자. 감정은 해묵은 프로그램의 찌꺼기에 불과할 뿐, 당신이 실제로 열등하다는 증거가 아니다. 당신의 감정은 생각의 결과일 뿐이다. 자신을 부정적으로 생각해서 부정적인 감정에 휘말려든 다음, "그래 내가 정상이 아니니까 이런 기분이 드는 거야."라고 말하는 실수를 저지르지 말자. 생각이 감정을 결정하지, 감정이 생각을 결정하지 않는다.

2 집에서 제일 큰 거울 앞에 서서 자신의 눈을 바라보자.

(주름이나 머리카락, 뾰루지는 못 본 척하고,) 눈을 쳐다보며 큰 소리로 말하자. "(이름)아/야, 난 있는 그대로의 너를 인정할 거야." 라고 거울을 보며 큰 소리로 말하는 것이 중요하다. 그래야 긍정적인 자기 암시의 효과가 배로 커진다. "난 널 인정할 거야."라고 생각

하는 것과 거울 속 자신을 쳐다보며 "난 널 인정할 거야."라고 소리 높여 말하는 것은 큰 차이가 있다. 그 차이를 직접 느껴보자.

다들 남에게는 칭찬을 잘도 한다. 그런데 왜 자신에게는 칭찬에 인색할까? 칭찬은 자신에게 했을 때도 똑같은 효과가 있다. 물론 처음에는 기분이 좀 묘할 것이다. 하지만 꾹 참고 정말 좋아하는 사람에게 말하듯 자신에게 말해보자. 그에게 품었던 애정과 따뜻한 마음을 자신에게도 품어보자. 당신은 자신의 절친이다. 절대 당신을 떠나지 않을 친구이다. 그런 자신을 미워하고 거부하는 것은 최악의 적군을 쫓아다니면서 자신에게 욕을 퍼붓는 것과 같다. 그런 짓을 자신에게 하고 싶은가?

이 훈련은 가장 어려운 훈련 중 하나지만, 가장 중요한 훈련이기도 하다. 나를 찾아온 많은 내담자가 고개를 저었다. "거울을 못 보겠어요." "이대로는 절 인정할 수가 없어요. 먼저 이러저러한 걸 바꾸어야죠."

그런 말을 들을 때마다 나는 되묻는다. "제가 만일 거울을 보면서 '넌 못났어, 넌 바보야. 넌 실패한 인생이야.'라고 말하라고 시켰다 해도 못 하겠다고 고개를 저으실까요?" 자신을 속이는 것 같은가? 한 번도 자신에게 그런 칭찬을 해본 적이 없기 때문이다. 난 당신을 잘 모르지만, 그래도 당신은 조건 없이 지금 그대로도 충분히 사랑스럽다.

물론 내 말을 믿지 않을 권리가 당신에게는 있다. 하지만 잊지 말자. 믿지 않아도 현실은 달라지지 않는다. 그러나 이 훈련을 통해 당신의 기분과 감정은 달라진다.

이 훈련에 대한 반응은 각양각색이다. 재미있다는 사람도 있고 울음을 터트리는 사람도 있으며 "뭐 이런 한심한 숙제가 다 있느냐."라며 짜증을 내는 사람도 있다. 어떻게 반응하든 그건 당신 자유다. 그래도 나는 당신이 따지지 말고 이 훈련을 따라 해보았으면 좋겠다. 마음에서 긍정적인 효과를 느낄 때까지 열심히 이 훈련을 반복했으면 좋겠다.

3 자신의 장점을 쭉 적어보자.

10가지는 적어야 한다. 그 이하는 안 된다. 최소 10가지다. 당신에게 그 정도의 장점은 충분히 있다고 나는 확신한다. 장점 찾기가 힘들거든 이렇게 물어보자. "나하고 비슷한 사람이 있다면 어떤 점을 장점으로 꼽을 수 있을까?" 대부분의 사람은 자기 장점보다 남의 장점을 더 잘 찾는다.

그러나 조심하자! "이게 뭐야. 나르시시즘에 빠지라는 건가?"라는 생각이 들었는가? 이런 생각 역시 과거의 프로그램이 만든 걸림돌이다. 자신의 긍정적인 특성을 생각한다고 해서 오만하고 거만해지지는 않는다. 그저 남을 칭찬하듯 자신을 칭찬하자는 것이다.

과거의 프로그램이 만든 걸림돌은 더 있다. "나는 특별한 장점이 없는 사람이야." "어떨 때는 잘하다가도 어떨 때는 못하니까 장점이 아니지. 한결같아야 장점이지." "모두가 좋다고 생각해야 장점인데 나는 그럴 만한 장점이 없어."

당신이 이렇게 반발한다면 나는 이렇게 대답할 것이다. 내가 말하는 장점은 당신만 가진 특성, 다른 세상 누구도 갖지 못한 특별한 성질이 아니다. 또 언제 어느 때나 한결같이 드러내 보여야 하는 특성이 아니다. 한 사람이 일 년 365일 한결같이 보여주는 특성이란 거의 없다. 많은 시간에 그런 특성을 보이면 그것으로 족하다. 또 세상 모든 사람이 똑같이 긍정적으로 평가할 특성이란 것도 없다.

다 적었는가? 10개를 다 채웠는가? 당신의 장점 목록은 어떤 모양인가? 이제부터 그 목록을 매일 읽어보자. 단점이라면 이미 충분히 연구했다. 굳이 적어서 매일 읽으며 상기할 필요까지는 없을 것이다.

4 자책이나 비난은 당장 멈춘다.

과거의 일은 아무리 자책해봤자 소용없다. 그 순간 당신은 최선을 다했고 그것이 옳다고 확신했다. 그러니 "난 바보야. 난 멍청해. 왜 더 잘, 더 빨리하지 못했을까?"와 같은 후회가 밀려들거든 얼른 정신을 차리고 생각을 바꾸어보자. "그 순간 나는 최선을 다했어!" 당신이 할 수 있는 것은 이게 전부다. 지금은 이 상황에서 어떻게 해야 최선일지, 어떻게 해야 나의 실수를 회복할 수 있을지 고민할 시간이다.

그리고 가끔 뒷걸음질 쳐서 자책하는 자신을 발견하더라도 너무 괴로워하지 마라. 괜찮다. 그것도 지나가는 과정이다.

5 당신의 권리를 떠올리자.

당신은 세상 모든 사람과 마찬가지로 사랑스럽고 능력 있는 사람이다. 따라서 그들과 마찬가지로 행복할 권리가 있다. 잊지 말자. 당신에게는 권리가 있다.

- □ 자신을 최우선으로 생각할 권리가 있다. 당신은 남의 시종이 아니다.
- □ 남에게 피해를 주지 않는다면 자신의 감정을 표현할 권리가 있다.
- □ 실수할 권리가 있다.
- □ 의견을 표현할 권리가 있다.
- □ 남들이 같이 놀자고 해도 혼자 있을 권리가 있다.
- □ 거절할 권리가 있다.
- □ 도움을 요청할 권리가 있다.
- □ 남의 문제나 행복을 책임지지 않을 권리가 있다.

지금껏 이 권리를 요구하고 지키지 못하며 살았다면 이제 와서 새삼 요구하기가 왠지 쑥스럽고 껄끄러울 것이다. 그래도 요구하자. 당신의 권리다. 다음번 연인 관계도 지금처럼 끝나기를 원하는가? 그렇지 않다면 자신을 갈고닦아야 한다. 자신의 권리를 상기하고 그 권리를 요구하고 지켜야 한다.

6 칭찬과 긍정적 피드백은 기록해두자.

친구들과 지인들에게 당신의 장점을 물어보자. "날 잘 알면 저렇게 좋게 보지 않을 텐데." "내가 장점을 물었으니 장점만 말해주는 거지." "듣기 좋으라고 하는 소리야." "저 정도 장점이 없는 사람이 어디 있을까?" 대답을 들으며 이런 생각이 들거든 자신에게 말하라. "칭찬을 칭찬으로 받아들이자. 그들의 의견이니까."

친구의 칭찬을 쪽지에 하나씩 적어보자. 쪽지 하나에 칭찬 하나다. 그 쪽지를 상자에 넣어 잘 보관한다. 기분이 울적하거나 열등감이 밀려들 때 상자를 열어 쪽지를 하나씩 읽어보자.

7 자신에게 거는 기대와 요구를 줄이자.

누구나 모든 방면에 다 완벽할 수는 없다. 누구에게나 모자라는 부분이 있다. 또 완전히 모자란 사람도 없다. 누구나 장점도 있고 단점도 있고 그렇다.

8 자신과의 우정을 키워보자.

자신을 좋아하는 게 이기심은 아니다. 자신을 좋아하지 못하는 사람은 남도 좋아할 수 없다. 성경에도 쓰여 있지 않은가? "네 이웃을 너 자신처럼 사랑하라." 안타깝게도 우리는 '너 자신처럼'을 자주 빼먹는다. 자신이 행복해야 남에게도 관대하다. 자신이 만족해야 남을 더 이해하고 사랑할 수 있다.

9 인내심을 발휘하자.

배움이 빠르지 않더라도 조급해하지 말자. 아무것도 하지 않는 편보다는 실수하더라도 계속 시도하는 편이 백번 낫다.

다시 한번 강조하지만, 이 훈련을 정성껏 반복하다 보면 큰 변화가 일어날 것이다. 직장, 인간관계, 육아, 파트너 선택, 미래의 연인관계, 무엇보다 자신을 대하는 방식에서 크나큰 변화가 있을 것이다. 덜 상처받고 덜 화내며 더 사랑하고 더 행복해질 것이다. 그러니 열심히 노력해보자.

우정을 통한 신뢰 되찾기

"세상은 넓고 친구는 많다."

당신은 또 한 번 큰 걸음을 내디뎠다. 산꼭대기가 저만치 보인다. 이제는 전 연인을 떠올려도 예전만큼 괴롭지 않다. 그를 미워하지 않기에 그가 잘살았으면 좋겠다. 자괴감과 자책감도 거의 사라졌다. 새로운 관계를 맺을 수 있을 것 같다는 느낌도 든다. 꼭 사람을 만나야 한다고 생각하는 건 아니지만 다가오는 사람에게 굳이 문을 걸어 잠글 필요는 없다고 생각된다.

그런데 이별하고 나니 예전 친구들과 사이가 껄끄러워졌다. 특히 둘이서 같이 만나던 친구들은 갑자기 소식 두절이 되어버렸다. 이유가 무엇일까? 주로 5가지 이유를 꼽을 수 있겠다.

1 '이별 바이러스'에 감염될까 봐 겁이 난다.

당신 커플이 이별하면서 갑자기 자기들 관계에서도 이별이 주제로 부각된다. "……랑 만나고 오기만 하면 꼭 싸움이 나네. 왜 당신 친구가 헤어졌는데 나한테 그래? 앞으로는 그 친구 만나지 마. 만나봤자 좋을 게 없구먼."

2 어느 편에 붙을지 결정을 못 한다.

갑자기 둘 중 한쪽을 택해 편을 먹어야 할 것만 같다. 그래서 어느 쪽을 택할지 결정이 안 되면 이러지도 저러지도 못해 당신은 물론 당신의 전 연인하고도 거리를 두게 된다.

3 당신이 경쟁자로 보인다.

친한 커플의 동성 친구에게는 이제 당신이 자기 연인을 유혹할 수 있는 경쟁자가 된다.

4 커플 친구와 싱글인 당신은 관심사가 다르다.

이제 당신은 싱글이니 친구와 달리 여가를 마음대로 쓸 수 있고, 반면 친구와 헤어진 연인 욕을 신나게 할 수도 없다. 관심사가 다르니 만나도 이야기가 자꾸 겉돌 수밖에 없다.

5 당신이 자기도 모르는 사이에 친구를 너무 괴롭혔을 수도 있다.

당신이 만날 때마다 징징대며 하소연을 하는 통에 친구가 힘들었을 것이다.

이유가 무엇이건 당신은 외롭다. 친구들에게도 버림받은 기분이 든다. 하지만 친구들의 행동을 인격모독으로 받아들이는 실수를 범하지는 말자. "친구들도 다를 게 없구나. 나는 어디 가나 환영을 못 받는구나."라고 생각하지 말자. 친구가 당신을 피하는 이유는 싫어서가 아니다. 싱글이 된 당신의 새로운 처지에 잘 대처할 능력이 없기 때문이다. 특히 당신이 연인과 사귀는 동안 혼자서 친구들을 통 만나지 않았다면 아마도 외로움이 훨씬 더 깊을 것이다.

그러나 이별은 독립적인 인간이 되어 자신의 관심사를 추구할 기회다. 친구들의 행동에 실망하고 상처받았더라도 그 사실을 인정하고 받아들이자. 우선은 혼자 사는 법을 익히는 것이 목표다. 사람을 가리지 말고 많이 만나보자.

지금 이 순간엔 동성과 이성을 가리지 않고 서로 신뢰할 수 있는 정직한 관계가 필요하다. 또다시 상대가 떠날까 봐, 혹은 상대가 상처를 받을까 봐 자신의 욕구를 억제하지 않도록 조심하자. 지금 당장 '위대한 사랑'을 찾겠다고 설치지 말자. 곧바로 다시 연인 관계를 시작했다가는 제아무리 "이번엔 더 잘할 거야."라고 다짐한다 해도 무의식적으로 같은 실수를 반복할 확률이 높다. 아마도 전 연인과 똑같은 성격의 사람이나 정 반대 성격의 사람에게 끌릴 것이다. 당신은 아직 새로운 행동방식이 자동으로 튀어나올 만큼 몸에 익지도 않았고 새로운 인생관을 구체적으로 결정하지도 못했다.

그러니 먼저 우정을 통해 서서히 인간에 대한 신뢰를 되찾아보자. 지인을 찾으면 친구가 나타날 것이고 친구 중 누군가는 연인이 될 수도 있을 것이다. 하지만 연인을 먼저 찾으려고 하면 친구도 연인도 다 놓치고 만다. 자기도 모르는 사이에 연인을 찾는다는 티를 낼 테고, 그러면 상대가 부담감을 느껴 도망칠 것이다. 또 자유롭게 즐기고 상대를 배려하는 당신이 눈을 부릅뜨고 연인을 찾아다니는 당신보다 훨씬 매력적이다.

어떻게 사람을 사귈까?

1 평소 좋아하던 활동을 열심히 하면서 관계를 맺어보자.

도서관, 백화점, 영화관, 수영장, 사무실, 어디나 사람은 많다. 중요한 건 혼자 해도 마음이 편안한 활동을 선택하는 것이다. 그래야 설사 당신에게 관심을 보이는 사람이 없다 해도 혼자서 즐길 수가 있다. 그러다 운이 좋으면 누군가를 사귀게 될 것이고, 그 사람과는 좋아하는 것이 같으니 대화가 잘 될 것이다.

2 이웃들과 친하게 지내보자.

이웃을 돌아보며 이웃의 생활에 관심을 가져보자. 이웃들과 대화를 나누어보자. 분명 관심 분야가 같은 사람이 한 사람쯤은 있을 것이다. 근처에 친한 사람이 있으면 급할 때 도움을 청할 수 있으니 마음이 편해진다.

3 동호회에 가입하자.

취미가 같은 사람들끼리는 말이 잘 통한다. 물론 동호회 활동도 꾸준해야 돌아오는 것이 있다. 시간을 두고 열심히 활동해보자. 동호회는 취미 활동을 즐길 수 있을 뿐 아니라 소속감을 느낄 수도 있어서 좋다.

4 인터넷을 이용하자.

인터넷은 교류와 관계의 가능성이 무한히 열린 넓은 바다다. 그 다양한 가능성을 한껏 활용해보자.

5 누구에게나 새로운 사람을 알고 관계를 맺을 수 있는 권리가 있다. 그 권리를 한껏 누려보자.

여성이라면 이런 생각을 하기 쉽다. "혼자 술집에 가거나 행사에 참석하면 남자 찾으러 왔다고 생각할 거야." "짝도 못 찾은 한심한 노처녀라며 딱하게 여기겠지." 이런 생각은 맞지도 않을뿐더러 아무 쓸모도 없다. 열등감과 불안만 부추길 테니까 말이다. 그런 생각에 빠졌다가는 친구 없이는 한 발짝도 뗄 수 없는 바보가 될 것이다.

참 딱하다. 잘못된 생각으로 자신의 손발을 꽁꽁 묶어 새로운 사람을 만날 기회를 스스로 앗아버린다. 생각을 바꾸어보자. 당신은 오랜만에 자유를 얻었고 그 자유를 한껏 즐길 수 있다. 당신 이마에 "나 얼마 전에 차였어요."라고 적혀 있지 않다. 혼자 온 당신을 바라보는 사람들의 생각은 다양하다. 연인이 출장을 갔거나 싸워서 혼자 왔나 보다, 그렇게 생각할 수도 있다.

더 솔직히 말하면 사람들은 당신에게 별 관심이 없다. 대부분의 사람은 자기 문제만 해도 머리가 터질 지경이다. 그리고 그곳에 혼자 온 사람은 당신 하나가 아니다.

당신의 문제는 당신에 관해 이러쿵저러쿵 간섭하는 남들이 아니라 자기의 생각이다. 대부분은 사실이 아닌 당신의 생각이다. 남들이 뭐라고 생각하든 중요한 것은 당신의 마음이다. 당신에게는 친구를 찾을 권리가 있다. 혼자 술집이나 행사에 가는 것은 그 목적을 이루기 위한 하나의 수단이다. 연인이 당신을 떠났다는 이유만으로 당신이 무능하고 못생긴 사람이라는 결론은 틀렸다. 연인과 헤어졌다는 이유만으로 당신이 사랑스럽지 않다는 생각도 잘못이다.

물론 처음에는 혼자 그런 곳에 가기가 쑥스럽고 어색할 것이다. 모두가 당신만 쳐다보는 것 같고 당신의 '흠'을 알아차릴 것만 같다. 그 기분에 흔들리지 말자. 당신은 지금 그저 혼자 그런 장소에 가는 일이 익숙지 않을 뿐이다. 그래서 그런 곳에 간다는 생각만 해도 기분이 묘하고 주눅이 드는 것이다. 그 기분에 맞서 달리 행동한다면 기분도 서서히 변할 것이다. 이별을 흠이라 생각하는 사람이 많을지 몰라도 당신이 꼭 그들의 생각을 따를 필요는 없다. 연인이 당신을 떠난 것은 두 사람의 바람과 욕망이 달라졌기 때문이다. 세상에는 당신과 같은 욕망과 바람을 품은 사람이 수없이 많다.

6 까다롭게 굴지 마라.

같은 관심사가 하나만 있어도 충분하다. 여러 사람을 만나 이런저런 활동을 함께 해보자. 지금 당장 연인을 구하는 것도 아닌데 까다롭게 굴 필요 없다.

올바른 성생활

"나도 성욕이 있는 인간이다."

이별 후에는 성에 대한 관심도 몇 단계를 거치며 변한다. 이별 직후에는 대부분 성욕이 눈에 띄게 줄거나 아예 사라져버린다. 이건 자연스럽고 인간적인 반응이다. 고통과 분노는 성욕과 함께 오지 않는다. 또 생각이 오직 전 연인을 향해 있으니 다른 사람이 눈에 들어올 리 없다. 성욕 역시 생각과 상상을 거쳐 생겨나기에 이 단계에서는 성욕이 생길 수가 없다. 몸도 축 늘어지고 기운이 하나도 없다. 그러니 이런 상태를 받아들이고 억지로 신체 접촉을 하려고 애쓰지 마라. 다시 욕구가 생길 때까지 기다리자. 분명 때가 되면 욕구는 돌아온다.

그리고 나면 대부분의 사람이 성욕 상승 단계에 돌입한다. 이건 대부분의 사람이 외로움을 잊는 방도로 섹스를 이용하기 때문이다. 상태가 좋건 나쁘건 무조건 밖으로 뛰쳐나간다. 혼자 있으면 불안하고 외로워 미칠 것 같기 때문이다. 자신의 매력과 자존감을 입증하기 위해 그러는 사람도 적지 않다.

그러니까 이 단계의 성욕은 자신의 몸과 마음이 정상이라는 사실을 자신에게 보여주려는 욕망에서 생겨난다. 또 스킨십을 통해

'사랑받는다'는 기분을 느끼고 싶은 마음도 크다. 하지만 절정에 이르지 못하거나 만족하지 못하는 상태에서 끝나는 경우가 많다. 여러 사람과 만나거나 원나잇을 목적으로 밤마다 배회하는 경우도 적지 않다.

그러다 보니 이 단계엔 관계가 오래 가지 못한다. 지금껏 한 번도 해 본 적 없는 짓을 저지르며 "내가 이런 사람이었나?" 스스로 놀라기도 한다. '무언가에 떠밀린 듯 도저히 안 할 수 없는' 기분이 든다. 하지만 나중에 자신의 비도덕적 행동을 뒤돌아보며 죄책감을 느낄 수도 있다.

지금 이 순간 당신도 성욕을 한껏 발산하고픈 충동을 느끼는가? 그렇다면 다시 한 번 곰곰이 생각해보자. 진심으로 그 사람의 몸을 원하는가? 이 단계의 성욕은 그저 스킨십에 대한 욕망인 경우가 많다. 그럴 땐 친구와 진한 포옹으로 스킨십의 욕구를 해소할 수 있다. 과도한 성욕의 단계는 공허하고 따분하기 때문에 대부분 오래 가지 못한다.

그리고 나면 마침내 다시 원래의 섹스 리듬으로 되돌아오거나 평생 처음으로 자신만의 리듬을 찾게 된다. 성생활도 자신이 원하는 대로 하자고 결심하게 된다. 많은 사람이 다시 고정 파트너 관계로 돌아간다. 하지만 지난 단계의 다양한 성 경험이 이번 관계에 큰 도움이 된다. 당신은 당신에게 매력을 느끼는 사람이 많으며, 사람마다 성적 기호와 취향이 다르다는 사실을 경험을 통해 알았다. 전 연인이 생각처럼 "잠자리 실력"이 대단한 것이 아니라는 사실을 깨달았을 수도 있다. 실로 오랜만에 섹스를 즐길 수 있게 되었을 수도 있고, 사랑 없는 섹스는 만족을 주지 못한다는 사실을 절감했을 수도 있다. 신뢰와 이해, 소통과 존중이 있어야 섹스도 가치 있다는 사실을 깨달은 것이다. 하지만 거꾸로 사랑 없이도 섹스를 즐길 수 있다는 사실을 경험으로 알게 될 수도 있다.

새 파트너와 잠자리를 할 때마다 전 연인이 떠오른다. 그럼 갑자기 욕구가 싹 사라진다. 이런 고충을 털어놓는 사람도 적지 않다. 혹시 당신이 그렇더라도 불안에 떨 이유는 없다. 자책할 이유도 없다. 지극히 인간적인 현상이니까. 새 연인에게 솔직하게 털어놓고 의논하면 된다. 당신의 몸과 마음은 아직 새 연인에게 적응하지 못했다. 그건 그가 매력이 없어서도 아니고 당신이 그와 하고 싶지 않아서도 아니다. 기억은 습관의 결과다. 그와의 첫 경험에서 흥분되지 않는다고 해도 그건 그저 당신이 아직 그의 몸과 성적 기호를 알지 못하고, 그 역시 당신의 몸을 잘 모르기 때문이다.

연인이 떠난 후 남은 쪽은 자책하기 쉽다. "내가 매력이 없고 잠자리를 못해서 그가 떠난 거야." 그러다 보니 새로운 관계를 맺기가 힘들고, 실제로 힘들게 시작한 관계도 실패로 끝날 확률이 높다. 하지만 연인이 떠난 것은 당신이 무능해서가 아니다. 설사 그가 그렇게 우겼다고 해도 그건 절대 사실이 아니다. 사람마다 좋아하는 음식이 다르듯 성적 기호도 사람마다 다르다. 전 연인과 당신이 성적으로 문제를 겪었다면 그건 성에 대한 서로의 기대와 바람이 달랐기 때문일 뿐이다. 특히 성적인 문제 뒤편에 다른 갈등들까지 숨어 있었다면, 성에 대한 부정적 경험이 성욕을 떨어뜨리고 섹스를 즐거운 것으로 생각지 못하게 만들 수 있다.

'그것만 생각하는' 남자들을 어찌 대해야 할지 모르는 여성도 많다. 그래서 욕구가 없는 데도 거절하면 상대가 기분 나쁠까봐 억지로 받아주게 된다.

그러나 나는 자기 욕구를 표현하는 것이 중요하다고 생각한다. 상대가 당신의 욕구를 받아들이지 않는다면 그 사람은 옳은 짝이 아니다. 그리고 일찍 바라는 바를 표현하지 않는다면 같이 지내는 내내 "그가 하자고 하면 어쩌지……"라는 불안에 시달리게 될 것이다. 잊지 말자. 당신은 연인의 행복을 위해 태어난 사람이 아니다. 그의 욕구를 충족해주는 존재가 아니다.

먼저 자신의 욕망을 존중하고 그의 욕망을 충족해주어야 한다. 당신은 감정이 깊어져야 섹스가 가능하다고 그에게 차분히 말하자. 그를 좋아하지만, 섹스는 조금 더 알고 난 후에 하는 것이 좋겠다고 솔직하게 말한다.

마지막으로 섹스에 대해 한마디 더 하고 싶은 말이 있다. 나는 섹스가 파트너 관계의 중요한 부분이라고 생각한다. 하지만 이를 의무로 생각하면 절대 즐길 수가 없다. 우리 상담실을 찾아오는 환자들도 파트너가 정해진 횟수를 요구하는 통에 성욕이 사라진다는 말을 많이 한다. 성욕은 사람마다 다르다. 따라서 상대와 나의 성욕이 똑같아야 한다는 요구는 말도 안 되는 소리다.

물론 모든 파트너에게는 상대가 자신의 성욕 충족을 도와주었으면 하는 바람이 있다. 하지만 그에 못지않게 상대의 만족도 고려해야 한다. 많은 여성이 욕구가 없으면서도 상대의 요구를 들어주고, 그렇게 성에 대한 관심을 점차 잃어간다. 일부러 좋은 척 연기하지만, 실제로는 혐오감을 느끼게 되고 차츰 아예 욕구를 느끼지 못하게 된다. 연인 관계의 가장 아름답고 강렬한 경험이 될 수 있을 섹스가 전투 현장이나 실망의 결과물이 되고 마는 것이다.

어떻게 하면 섹스가 즐거운 경험이 될 수 있을까?

1 연인에게 솔직해지자.

오늘은 그냥 스킨십만 하고 싶다고 말하자. 괜찮다면 다른 방법으로 그를 만족시켜줄 수도 있다. 섹스는 두 사람 모두가 행복해지자고 하는 것이다.

2 연인에게 당신의 성적 욕망을 이야기하자.

피해를 주지 않고 두 사람이 즐겁게 만족하다면 무슨 짓이든 괜찮다. 연인은 점쟁이가 아니다. 말하지 않으면 당신이 무엇을 좋아하는지 알 수가 없다. 말로 하기 쑥스러우면 손으로 예민한 자리를 가리키면 될 것이다.

3 자위를 통해 자신의 몸을 발견하자.

어떤 것이 만족을 주는지 알 방법은 그것뿐이다. 또 파트너가 아프거나 출장을 갔거나 욕구가 없을 때도 그와 상관없이 즐길 수 있다. 익숙지 않다면 처음에는 수치심과 죄책감이 들 수도 있다. 우리가 받은 교육은 성에 대해 관대하지 않으므로 당연히 그럴 수 있다. 이 감정을 인정하고 계속해보자. 시간이 가면 부정적 감정이 줄어들고 좋은 경험을 하게 될 것이다.

4 자신의 몸을 긍정적으로 바라보자.

자기 몸을 쳐다볼 때마다 똥배와 근육 없는 다리, 늘어진 가슴, 여드름이 눈에 띈다면 섹스를 할 때도 긴장을 풀지 못할 것이다. 어떻게 하든지 그 '흠'을 숨기려 애쓸 테니 말이다. 세월이 가면 누구나 늙는다. 사춘기의 아름다운 피부와 탱탱한 근육이 평생 가는 사람은 없다(물론 사춘기에도 자기 몸에 만족했던 사람은 많지 않겠지만 말이다). 거울 앞에 서서 자신 있게 말하자. "나는 내 몸을 지금 이대로 받아들일 거야. 지금껏 평생 나와 함께해온 몸이니까."

5 매 순간을 즐기자.

섹스는 신체가 닿는 첫 순간부터 시작된다. 반드시 절정을 느낄 필요도 없다. 중요한 것은 서로의 몸이 닿아 편안하고 행복하다는 사실이다. 섹스는 금메달을 따야 하는 올림픽 경기가 아니다. 잘한다고 실력을 입증할 필요가 없다. 당신은 지금 그대로 충분히 괜찮다.

6 자존감을 키워라.

당신이 상대에게 말을 걸고 성적인 관심을 보였는데 상대가 응하지 않을 때는 여러 이유가 있다. 당신이 매력이 없기 때문이 아니라는 말이다. 상대가 과로로 피곤했을 수도 있고 그날따라 의욕이 없을 수도 있으며 당신이 이상형이 아닐 수도 있고 얼마 전에 혹독한 이별을 겪어서 여자에게 관심을 잃었을 수도 있다. 모든 사람에게 매력을 발산하는 사람은 없다. 사실 그럴 필요도 없다. 당신을 이상형으로 생각하는 한 사람만 있으면 된다. 잊지 마라. 당신은 장단점을 고루 갖춘 인간이다. 당신을 존중할 줄 아는 사람을 찾아 행복을 누리자.

7 연인과 긍정적인 관계를 키워나가자.

화가 나면 섹스가 즐거울 수 없다. 연인에게 느낀 부정적인 감정, 그에게 받은 상처와 모욕이 있다면 솔직하게 말하여 관계를 개선하자.

해묵은 상처 털어내기

상담실을 찾은 환자와 함께 지난 연인 관계를 다시 한번 쭉 돌이켜볼 때면 나는 부모와의 관계가 연인 관계에도 많은 영향을 미친다는 사실을 자주 확인하게 된다. 많은 환자가 절대로 부모 같은 부부가 되고 싶지 않다고 말하면서도 결국 연인에게 부모와 똑같은 행동을 한다.

부모의 장단점을 인정하고 부모와 화목하게 지내지 못하면 연인을 대할 때도 부모한테 하듯 하게 된다. 가령 부모가 사사건건 간섭을 하고 잔소리를 해대서 평생 부모에게 쥐여살았다면 연인이 조금만 간섭을 해도 바로 화를 내고 공격할 것이다. 부모에게 사랑받지 못했다고 느낀다면 역시나 자신을 존중하지 않는 연인을 택하거나 사소한 일에도 연인이 자신을 사랑하지 않는다고 느낄 것이다.

우리는 모두 "마침내 나를 인정하고 영원히 사랑해줄 사람을 찾았다"는 기대로 연인 관계를 시작하지만, 그 역시 사람이므로 때로는 우리를 비난하고 거부하고 이런저런 요구를 할 것이다.

우리는 부모에게 하듯 연인에게 할 것이다. 부모에게 반항하고 화를 낸다면 연인에게도 화를 낼 것이다. 부모의 말에 상처받아 혼자 찔찔 운다면 연인에게 서운한 일이 있어도 혼자 숨어 찔찔 울 것이다. 그러나 부모의 의견을 인정하면서도 이제는 성인이므로 자유롭게 결정을 내릴 수 있다면 그의 의견에도 똑같이 자유롭게 반응할 수 있을 것이다.

연인과 잘 지내기 위해선 지금껏 우리가 어떤 역할을 하며 살아왔는지 돌아볼 필요가 있다. 아래 세 가지 역할 중에서 당신은 어떤 역할을 주로 맡아왔는가?

1 주기만 하는 역할

자신은 열등하기에 '서비스'를 해야만 칭찬받을 수 있다고 굳게 믿는다. 바라는 것이 있어도 입 다물고 순응하며 화를 내고 싶어도 꾹 참는다. 자기 의견이 없으니 남들이 좋다면 다 좋다. 남들에게 잘해주어서 칭찬과 인정을 받으려 노력한다. 그러다 바라던 칭찬이 돌아오지 않으면 실망한다. 상대에게 '너 때문에 내가 힘들다'는 티를 내서 죄책감을 유발한다. 자신은 세상이 존중해주지 않는 피해자다.

2 받기만 하는 역할

자신은 남들보다 똑똑하기에 어디서나 옳고 그름을 판단하는 사람이다. 실수는 남들만 하는 것이므로 무슨 일이든 다 남들 탓이다. 모두가 자기 생각대로 움직여야 한다고 믿는다. 남들에게 거는 기대와 요구도 많고 항상 자신이 중심이 되어야 한다. 그렇다 보니 쉽게 상처받고 외롭지만, 그럴 때마다 공격과 비아냥거림으로 자신을 방어한다. 남들이 감탄해주면 기분이 좋다. 남들의 욕구를 고려하지 않고 남들에게서 빼앗는다. 남들의 욕구는 묻지도 따지지도 않고 오직 자기 바람대로 산다.

3 동등한 역할

자신과 남을 똑같이 존중한다. 자신의 바람을 표현하고 남의 바람을 경청하여 타협점을 찾는다.

사실 연인 관계는 주는 타입과 받는 타입이 만나는 경우가 흔하다. 그러다 한쪽이 자존감을 키워 자기 의견을 분명히 말하는 등 변화를 겪게 되면 둘 사이에서도 갈등이 일어나게 된다. 이제 상대는 그 변화에 어떻게 대처할 것인지를 결정해야 한다. 새로운 규칙을 만들고 다시 균형을 회복해야만 관계가 유지될 수 있을 것이다.

물론 연인 관계의 문제가 모두 어린 시절의 경험 탓이라는 말을 하자는 것이 아니다. 그런 식의 생각은 백해무익하다. 무엇보다 어린 시절은 이제 와서 바꿀 수 있는 것이 아닐뿐더러 그런 식의 생각은 변화를 가로막는 장애물이기 때문이다. 부모가 당신에게 무슨 행동을 했든, 당신이 그 행동에 지금껏 어떻게 반응했든 당신은 그 해묵은 행동 패턴을 바꿀 수 있다. 부모와 연인에게 상처받지 않고 그들을 인정할 수 있으며, 그들의 반응을 그저 그들 개인의 마음가짐이 낳은 결과로 생각할 수 있다.

또 많은 지점에서 어머니나 아버지의 행동을 따라 하고 있다 해도 그런 자신과 자신의 행동마저 인정할 수 있을 것이다.

연인만 바꾸면 모든 문제가 해결될 것이라는 생각은 착각이다. 먼저 당신이 해묵은 프로그램을 바꾸지 않는다면 아무리 다른 사람을 만나고 또 만나도 달라질 것은 없다. 따라서 부모와 좋은 관계를 맺을 수 있도록 도와줄 몇 가지 훈련법을 소개할까 한다.

자기 부모님을 바꾸라는 것이 아니다. 부모님은 평생을 그렇게 살아오신 분들이다. 그러니 당신이 부모님을 바꿀 수는 없다. 부모님이 돌아가셨어도 이 훈련은 유효하다. 부모님은 기억을 통해 여전히 당신에게 영향을 미치고 있으니까 말이다.

부모님을 바꾸지 않아도 편안하게 부모님을 대할 수 있다. 당신의 마음가짐을 바꾸면 혼자서도 관계를 개선할 수 있다. 반드시 부모님을 대하는 태도를 바꾸어야 하는 건 아니다. 싫다면 태도를 바꾸지 않아도 된다. 부모님을 떠올릴 때 느껴지는 감정을 바꾸는 것이 중요하기 때문이다.

지금껏 부모님을 비난했는가? 부모님의 얼굴을 보고 싶지 않은가? 부모님의 간섭에 진력이 났는가? 무슨 일이 있어도 부모님처럼 살고 싶지는 않은가?

그렇다면 부모님을 생각할 때마다 밉고 불안하고 죄책감이 들 것이다. 기억에서 지워버리자고, 부모님과 연을 딱 끊자고 결심했어도 부모님과 연결된 감정은 여전히 남아 있을 것이다.

좋아해도 미워해도 그들은 우리 인생에서 중요한 역할을 한다. 부모님의 기대와 정반대로 행동한다 해도 결국 우리의 행동을 결정하는 사람은 부모님이다. 모든 반항과 저항은 복종과 마찬가지로 상대에게 조종당하는 것이다. 그저 상대의 요구대로 하지 않으려는 마음에 정반대되는 행동을 하는 것일 뿐이다. "해야 하는 것" 대신 "하지 말아야 할 것"을 하는 것뿐이다.

누군가를 위해서나 누군가에게 반항하려는 목적이 아니라 우리 인생, 우리 목표에 유익하므로 우리 스스로 자신이 하고 싶은 일을 하는 것, 그것이 우리의 목표가 되어야 할 것이다.

다음과 같이 하면 부모와의 관계에서 자유와 책임을 다하는 사람이 될 수 있다.

- □ 부모의 마음에 들기 위해서가 아니라 자신이 하고 싶은 일을 한다.
- □ 부모가 인정하지 않는다고 해도 지금 이대로의 자신을 인정한다.
- □ 부모를 있는 그대로 인정하며 내가 편해지자고 부모님을 바꾸려고 하지 않는다.
- □ 부모의 말에 압박감을 느끼지 않고, 그렇다고 부모의 의견을 반박하여 깔아뭉개려고도 하지 않으며, 부모의 의견을 하나의 의견으로 수용한다.
- □ 부모의 의견을 부모의 인생사가 낳은 결과물로 생각하고 과연 자신의 삶에 맞는 의견인지 차분히 고민하여 결정을 내린다.

어떻게 하면 부모님과 평화협정을 맺을 수 있을까?

1 제일 갈등이 심한 분께 편지를 쓰자.

부치지는 않을 테지만 부칠 것처럼 편지를 써보자.

"어머니(아버지)께. 용기가 있었다면 진즉에 이 말씀을 드리고 싶었어요." 이렇게 운을 떼고서 그동안 하고 싶었던 말을 다 적어본다. 지금껏 느꼈던 실망과 아픔을 기록해보자. 어머니(아버지)가 이러저러한 행동을 했을 때 당신이 어떤 기분이었는지 적어보자.

그리고 이런 말로 편지를 끝맺는다. "그래도 어머니(아버지)를 용서할 거예요. 엄마도 어쩔 수 없어서 그랬을 테니까요. 어머니(아버지)도 나처럼 장단점을 다 가진 인간이니까요."

2 어머니, 아버지가 어떤 환경에서 자랐는지 알아보자.

친척이나 부모님께 물어보자. 부모의 행동을 이해하려면 부모의 어린 시절과 인생사를 많이 알 필요가 있다. 부모의 행동을 무마하자는 것이 아니다. 왜 당신에게 그런 행동을 했는지 이해하자는 것이다. 부모도 결국 "자기 부모의 피해자"다. 그리고 비록 당신에겐 그렇게 느껴지지 않더라도 사실 부모의 모든 행동은 사랑과 관심의 표현이다.

3 부모의 입장이 되어 보자.

그 입장에서 당신에게 편지를 써보자. "애야, 용기가 있었다면 진즉에 이 말을 해주고 싶었단다." 왜 당신에게 그런 행동을 했는지 이유를 적어보자. 편지를 쓰면서 눈물이 흐르거든 마음껏 울어도 좋다. 눈물은 부모님을 향한 당신의 애정이 얼마나 깊은지를 보여주는 증거일 테니까 말이다.

chapter 06

4단계

새로운 관계를 위한 준비 단계

• • •

드디어 해냈다. 당신은 이제 목표를 코앞에 두고 있다. 당신이 정말로 나와 함께 정상에 올랐는지 확인하고 싶다면 다음의 질문에 대답해보자.

- 이별의 이유를 알았고, 그 이유를 인정할 수 있는가? 예 □ 아니오 □
- 당신의 바람과 욕망을 깨닫고 그것을 존중하는가? 예 □ 아니오 □
- 자신이 혼자 살 수 있다고 믿는가? 예 □ 아니오 □
- 앞으로 새 사람을 만나면 어떤 점에 유의할지 알고 있는가? 예 □ 아니오 □
- 몸이 다시 균형을 찾았고 힘이 솟구치는가? 예 □ 아니오 □
- 자신을 사랑하는가? 예 □ 아니오 □
- 직업이나 개인적으로 새로운 목표를 세웠는가? 예 □ 아니오 □
- 사람을 믿을 수 있는가? 예 □ 아니오 □
- 당신은 자유롭고 독립적인 사람인가? 예 □ 아니오 □

정말로 4단계의 정상에 올랐는가? 그렇다면 이 꼭대기에서 여기까지 올라온 길을 내려다볼 수 있을 것이다. 당신은 이별의 고통과 분노를 오롯이 이겨냈다. 그리고 이제는 이별을 받아들일 수 있다. 전 연인을 잊지는 않았지만, 그를 생각해도 화가 나지는 않는다. 당신은 자신과 그를 용서했다. 오히려 많은 시간과 경험을 나누었던 그에게 감사하는 마음이다. 아름다웠던 시간도 기억나지만, 그와 같이 저질렀던 실수도 깨달았다. 당신은 파트너 역할의 옷을 벗고 새로운 행동방식의 옷으로 갈아입었다.

이제는 마음껏 자유를 누려도 좋다. 하지만 나는 당신의 손을 잡고 한 걸음 더 걷고 싶다. 앞으로 만날 새로운 사람과 어떻게 새로운 관계를 성공적으로 만들어나갈 수 있을지도 당신과 함께 알아보고 싶기 때문이다.

새로운 관계를 위한 신뢰 회복

상실을 극복하려면 4가지 숙제를 풀어야 한다.

1. 상실을 받아들여야 한다.
2. 고통과 부정적 감정을 받아들이고 겪어내야 한다.
3. 혼자 사는 법을 배워야 한다.
4. 타인을, 새로운 관계를 향해 다시 마음을 활짝 열어야 한다.

이제 남은 것은 마지막 4번째 숙제다. 이별 후 많은 사람이 새로운 관계를 갈망하면서도 겁이 나서 선뜻 응하지 못한다. 같은 경험을 또 할까 봐, 이별의 충격을 또 겪어야 할까 봐 겁이 나기 때문이다. 사람을 믿을 수가 없고 새로운 관계가 행복하고 오래갈 것이라고 상상할 수가 없다. "아무도 날 원치 않아. 인간은 다 나빠." 이런 마음가짐 탓에 다가오는 사람도 휘휘 손을 저어 쫓아버린다.

따라서 신뢰를 다시 회복하려면 먼저 부정적인 마음가짐부터 바꾸어야 한다. 다른 사람들도 당신과 똑같이 친구를 찾고 있다. 결혼한 부부 두 쌍 중 한 쌍이 이혼하는 세상이니 새로운 관계를 원하는 사람도 많을 것이다. 지금의 당신이라면 지난 관계의 뼈아픈 실수에서 많은 교훈을 얻었으므로 앞으로의 관계에서는 두 번 다시 같은 실수를 저지르지 않을 것이다. 또 혼자서도 만족하며 사는 법을 배웠다면 관계도 독립적이고 자유롭게 이끌어갈 수 있을 것이다.

새로 만날 연인이 영원히 당신 곁에 있으리라는 보장은 없다. 그건 당신이 결정할 수 있는 문제가 아니다. 하지만 혹시 다시 이별을 겪더라도 이제 당신은 무난히 이별을 이겨낼 수 있을 것이다.

어떤 관계든 평생 헤어지지 않으리라는 보장은 없다. 모든 인간은 변하니까. 두 사람이 같은 방향으로 발전하리라는 보장도 없다. 갑자기 죽음이 찾아와 둘을 갈라놓을 수도 있다. 어떤 이유에서건 관계가 끊어졌다고 해도 그것이 곧 당신의 무능을 입증하는 것은 아니다. 그저 당신과 연인의 기대가 더는 맞지 않는다는 의미일 뿐이다.

천천히 새로운 사람에게 마음을 열어보자. 단, 조금 더 그 사람에 관해 알아간다는 목표를 세우자. "저 사람하고 평생 같이 살 수 있을까?"라는 생각은 싹 지우자. 마음을 열고 개인적인 이야기를 털어놓자. 그래야 가까워지고 신뢰가 쌓인다. 겁이 나도 숨기지 말고 정직하게 다가간다면 많은 이가 똑같이 당신을 향해 마음을 열 것이다.

연인과 헤어진 사람은 새로운 관계에 완전히 순응하거나 비관하거나 둘 중 하나가 되기 쉽다.

1 비관한다.

새로운 관계를 어둡게만 본다. 이 관계도 과거의 관계와 똑같이 끝나리라는 경고 신호를 계속해서 찾는다. 전 연인의 행동에서 '블랙리스트'를 만든 다음 새 연인의 행동에서 조금이라도 비슷한 점이 보이면 바로 적색등을 켠다. 하지만 또 한편으로는 비현실적인 기대에 매달린다. "완벽해야지. 좀 괜찮은 거로는 부족해."

2 완전히 순응한다.

어떻게 하든 이번 관계만은 지키고 싶다. 그래서 자신의 바람과 욕망을 접고 오로지 상대의 뜻에 따른다. “다시 완벽한 인간이 되려면 누군가가 필요해.”라는 기대에 쫓겨 관계를 시작했기 때문이다. 상대에 대한 기대도 줄인다. 어떤 대가를 치르더라도 혼자만 아니면 된다.

두 행동 방식 모두 관계가 바람직한지를 점검할 수 없다. 근본적으로 새 연인도 전 연인과 다를 것이 없다는 생각에 뿌리를 내리고 있기 때문이다. 하지만 똑같은 사람이란 존재하지 않기에 똑같은 관계도 있을 수 없다. 완벽하게 순응하거나 비관하지 않으려면 다음과 같이 해보자.

1 비관적인 생각이 들거든

새 연인에게 불안한 마음을 털어놓는다. 전 연인도 그렇게 행동했기 때문에 이번에도 또 잘못 될까 봐 겁이 난다고 솔직하게 말하자. 새 연인은 전 연인과 마음가짐이 다르다는 점을 잊지 말자. 새 연인의 장점을 보도록 의식적으로 노력해보자.

2 순응하려는 생각이 들거든

거슬리는 점에 대해 연인과 이야기를 나누어보자. 입을 꾹 다물고 아무 말 하지 않는 건 그의 그런 행동을 용인하는 것이다. 무조건 이해하고 받아들이는 것이 관계에 유익하다는 생각은 틀렸다. 오히려 만족스러운 관계를 쌓아갈 기회를 놓치게 된다. 당신이 말을 안 하는데 상대가 어떻게 바뀌겠는가?

연인 관계는 윈윈 게임이다

모두가 사랑을 이야기한다. 소설도 영화도 음악도 시도 사랑을 노래하고 찬미한다.

과연 사랑이 무엇일까? 당신은 이 질문에 무엇이라 답할까? 대부분의 사람은 어느 날 갑자기 운명의 짝이 나타나리라 기대한다. 사랑이란 '번개처럼' 갑자기 가슴에 와 박히며, 그렇게 평생을 간다고 생각한다. 첫눈에 반해서 죽는 날까지 함께하며 평생 서로를 아끼고 사랑하는 관계, 한 마디로 사랑은 지상낙원이다.

그러나 현실은 전혀 다르다. 사랑은 지상낙원이 아니다. 기껏해야 사랑에 빠진 잠깐의 순간으로 그치는 감정이다. 사랑에 빠졌을 때는 상대가 완전무결한 공주요 왕자다. 서로가 평생 찾던 이상형이다. 약점이 좀 있어도 그 정도는 기꺼이 눈감아줄 수 있다. 상대를 위해서라면 뭐든 할 수 있기에 자신의 욕망쯤은 꾹 참고 넘어갈 수 있다. 서로가 자신의 약점을 숨긴 채 괜찮은 사람인 양 행동한다. 상대에게 다정하여 상대의 마음을 얻고 싶기 때문이다. 상대에게 좋은 인상을 주어서 그에게서 좋아한다는 말을 듣고 싶기 때문이다.

하지만 이런 상태가 오래가지는 못한다. 시간이 가면 슬슬 '본모습'이 드러나기 시작한다.

행복하기 위해 상대가 꼭 필요하다고 생각한다면 그에게 종속되고 말 것이다. 종속의 사랑은 두 가지 형태로 나타난다. 불평과 순응이다.

사랑에 빠진 로맨틱한 시간이 지나면 곧바로 자신의 욕망을 앞세우는 사람들이 있다. 처음에는 바라는 것이 있어도 꾹 참는다. 아직 상대의 마음이 어떤지 불안하기 때문이다. 하지만 상대가 자신을 사랑한다는 확신이 서면 그때부터는 사정 봐주지 않는다. 연인에게 불평해대고 부정적인 측면으로 눈길을 돌리기 시작한다. 가장 소중한 사람에게 가장 조급하고 가장 안달복달한다. "그를 사랑하지. 하지만 요것만 고치면 좋겠는데." 상대를 자신의 바람대로 바꾸기 위해 비난하고 욕하고 투쟁한다.

반대로 상대의 약점을 발견하고도 솔직하게 실망과 비난을 표현하지 못하는 사람들이 있다. 속으로는 이런저런 요구가 있으면서도 겉으로는 완벽히 순응한다. 그러다 보니 자괴감이 심해지고 우울해지며 자신을 피해자로 생각한다. 이들에게 사랑은 상대를 위해 해주는 것, 상대를 보살피는 것, 거절당할지 모르니 바라는 바가 있어도 말하지 않는 것, 완벽한 것, 의견을 숨기는 것이다.

두 가지 행동 모두 불행한 관계에 대한 실망의 표현이다.

오래오래 너무너무 행복하기를 바란다면, 연인이 완벽하기를 바란다면, 그 관계는 깨질 수밖에 없다. 나는 그런 관계를 사랑에서 시작된 관계로 보지 않는다. 내가 보기에 사랑은 두 가지 종류가 있다.

이상적인 사랑

이상적인 사랑은 연인의 바람이 이루어지도록 도와줄 마음이 있을 때 생기는 감정이다. 우리는 연인의 독립을 온전히 인정하고 그에게 요구하지 않는다. 이상적인 사랑은 무조건적이다. 우리 자신을 완벽하게 인정하고 연인에게 종속되지 않을 때만 가능하다. 우리의 행복과 만족은 우리 책임임을 알고 스스로 그를 위해 노력할 때만 가능하다.

달리 말해 자신을 인정할수록 상대도 조건 없이 사랑할 수 있는 것이다. 스스로 자신의 행복을 위해 노력한다면 연인에게도 인내와 관용을 베풀 수 있다. 하지만 대부분의 사랑은 그렇지 못하다.

보통의 사랑

보통의 사랑은 갖고 싶은 것을 주는 사람에게 느끼는 감정이다. 이 말을 듣고 반발감이 들 수도 있을 것이다. 그래도 나는 똑같이 말할 것이다. 일상에서 우리가 사랑이라고 할 때는 상대가 우리의 욕망을 충족해주었거나 충족해주기를 바랄 때 느끼는 감정이다. 당연히 상대가 욕망을 충족해주지 않거나 우리를 사랑하지 않는다면 우리의 사랑도 사라질 것이다.

정말 이기적으로 들리지만, 자신을 가만히 살펴보자. 당신은 어떤 사람에게 호감과 사랑을 느끼는가? 어떤 사람이 싫은가? 우리는 함께 있으면 편안한 사람을 좋아하고 우리에게 잘해주고 우리 뜻에 동의하는 사람을 좋아한다. 우리의 기대를 채워주지 못하고 우리를 인정하지 않는 사람은 싫어한다. 당신은 그렇지 않은가?

대부분의 사람이 생각하는 사랑은 보통의 사랑이다. 대부분의 사람은 주기 위해서가 아니라 받기 위해서 관계를 시작한다. 출발은 결핍이다. 우리는 행복하기 위해 연인을 원한다. 그리고 그에게 우리의 기대대로 바뀌기를 요구한다.

연인에게 화가 나거나 질투심을 느낄 때는 대부분이 사랑을 그렇게 생각하기 때문이다. 상대가 우리의 기대를 이루어주어야 한다고 생각하기 때문이다. 사랑받고 싶은 마음 탓에 상대는 우리의 바람을 이루어주기 위해 태어난 사람이 아니라는 사실을 자주 잊어버린다.

특히 여성에게서 잘못된 사랑을 많이 목격한다. 적지 않은 여성이 사랑은 상대를 위한 희생이라고 생각한다. 큰 조각의 고기는 상대에게 밀어주고 퇴근하고 돌아와서도 집안일을 도맡으며 힘들어도 상대가 걱정할까 봐 힘든 내색을 하지 않는다. 이런 식의 희생은 거짓이다. 얼른 보면 '진실한' 무조건적 사랑 같다. 상대를 위해 무엇이든 하는 조건 없는 사랑 같다.

하지만 조금 더 들여다보면 대부분의 여성이 희생의 대가를 바란다. "내가 이렇게나 희생했으니 너도 이러저러해야 해."

연인의 사랑과 관심을 잃을까 겁이 나 실망과 분노를 숨기는 여성이 많다. 하지만 쌓인 분노는 언젠가는 터지게 되어 있다. 결국 '그가 저지른 만행'에 분노하며 대폭발하거나 참다가 심신질환을 앓게 된다.

물론 많은 남성이 여성에게 저지르는 특정 행동 방식이 있다. 하지만 남자들의 그런 '만행'에 여자들이 완전히 속수무책이지는 않다. 어떻게 보면 여자들이 연인을 화나게 할까 봐, 혹은 그를 잃을까 봐 겁이 나서 자발적으로 순응한다. 모든 '압제자'에게는 그 압제를 허용하는 사람이 있는 법이다.

연인의 어떤 행동을 용인할지, 우리는 자유롭게 결정할 수 있다. 그러자면 정서적 독립이 필요하고 경제적 독립도 필요하다.

정서적 독립이란 함께하는 것이 더 좋고 관심이 같기에 남은 생을 연인과 함께하기로 자유롭게 결정할 수 있다는 뜻이다. 자존감이 없어서, 혼자서는 살 자신이 없어서 연인이 필요하다는 뜻이 아니다.

있는 그대로의 자신을 받아들일 수 있을 때만, 또 있는 그대로의 연인을 받아들일 수 있을 때만 무조건적인 사랑이 가능하다. 그곳까지 가는 길은 험난하다. 이런 사랑을 평생 느끼지 못할 수도 있겠지만 적어도 노력할 수는 있다. 연인과 자신을 있는 그대로 사랑하는 것은 우리가 자신에게 줄 수 있는 최고의 선물이다.

연인 관계는 윈윈 게임이다

나는 연인 관계는 윈윈 게임이라고 생각한다. 한쪽이 이기고 한쪽이 지는 게임이 아니다. 상대를 위해 자신의 욕망과 관심을 포기한다면 반드시 실망과 미움과 질병이 따라온다. "그를 위해서라면 무엇이든 할 거야." "내가 정말로 뭘 원하는지 알면 그는 날 싫어할 거야." 연인의 마음에 들려고 자기 욕망을 억제하는 사람들은 이런 말을 많이 한다. 자발적으로 즐거움과 만족을 포기하고 '그를 위해' 노력하면서 그에게서 상응하는 대가가 올 것이라 기대한다. 이들은 행복의 책임을 연인에게 떠민다. 그렇게 하여 잠깐은 갈등과 문제를 피할 수 있겠지만, 시간이 아무리 흘러도 원하는 것은 오지 않으므로 결국 실망하고 만다.

양쪽이 모두 한껏 자신을 펼칠 수 있을 때만 오래 행복한 관계가 가능하다.

너무 비현실적으로 들릴 말이다. 나도 안다. 연인 관계에서 항상 모든 부분을 온전히 실현할 수는 없다. 그러나 함께하는 시간의 대부분이 행복한 관계는 가능하고 현실적이다. 타협과 상호 양보는 필수조건이다. 상대의 바람과 욕망을 항상 살펴야 한다. 중요한 부분에서 서로의 생각이 너무 멀어진다면 누가 양보할 것인지를 두고 계속 붙어 싸우기보다는 차라리 헤어지는 편이 낫다. 그 누구도 상대에게 자신을 위해 변하라고 요구할 권리는 없다.

자식도 관계 유지의 이유가 될 수 없다. 얼굴만 보면 으르렁대는 부모 밑에서 자란 아이는 연인 관계를 매우 부정적으로 바라보게 된다. 또 불만투성이 부모가 아이들에게 인내와 이해와 사랑을 줄 수 있을 리 만무하다. 심지어 부모가 아이를 서로 '자기' 편으로 끌어들여 상대를 미워하도록 부추기는 경우도 다반사다.

연인 관계를 발전시키는 시각과 행동

1 사랑은 어느 날 갑자기 벼락처럼 떨어지는 감정이 아니며, 영원히 지속하는 감정도 아니다.

사랑은 당신이 연인을 긍정적으로 생각함으로써 스스로 만들어내는 한순간의 사건이다. 지금 이 순간 연인을 사랑하다가도 바로 다음 순간 미워할 수도 있다. 연인이 당신에게 사랑을 강요할 수 없듯 당신도 그에게 사랑을 강요할 수 없다. 사랑하자면 사랑할 마음과 능력이 필요하다. 중요한 욕구가 채워지지 않으면 사랑은 멈추고 관계는 끊어진다.

2 꼭 필요한 것이 아니어야 연인 관계는 성공한다.

혼자서도 잘 살 수 있어야 무조건적 사랑도 할 수 있다. 연인 관계를 아래의 자세로 시작한다면 실패의 확률이 높다.

- □ 외로워서
- □ 부모님 그늘에서 나오려고
- □ 남들의 기대에 맞추려고
- □ 누군가를 보살펴주거나 보살핌을 받으려고
- □ 인정을 받으려고
- □ 경제적인 안정이 필요해서

3 연인 관계는 양쪽이 가장 중요한 욕망을 대체로 채울 수 있을 때, 그러니까 저울이 균형이 유지할 때 성공한다.

당신의 진짜 모습을 처음부터 상대에게 보여주자. 처음부터 당신의 바람을 솔직하게 이야기하자. 처음부터 정체를 드러내면 사랑의 마법에 살짝 금이 갈 수는 있겠지만, 그래야 미연에 실망을 예방

할 수 있다. 부드러운 분위기에서 연인에게 당신이 바라는 점을 이야기하자. 그를 좋아하지만, 그에게서 이런저런 것을 바란다고 말하자. 바라는 점을 이야기해야지 마뜩잖은 지점을 비난해서는 안 된다. 그래야 상대도 받아들이기가 편하다.

상대는 점쟁이가 아니다. 아무리 당신을 사랑해도 당신이 뭘 바라는지 알 수는 없다. 처음부터 바라는 점을 이야기해야 상대도 당신의 바람을 이루어주기 쉽고, 또 감정이 너무 깊어지기 전에 상대가 동등한 관계를 맺을 수 있는 적임자인지 판단할 수도 있다. 공동의 욕망과 관심이 많을수록 함께 만족하기도 수월한 법이다.

말하지 않으면 불행도 당신의 책임이다.

4 관계에는 갈등이 빠질 수 없다.

연인 관계는 인생관과 인생사가 다른 두 사람이 만들어가는 것이다. 갈등이 없다면 오히려 더 이상하지 않을까? 갈등이 없다는 것은 한쪽의 마음이 이미 떠났거나 도저히 못 참고 폭발할 때까지 꾹꾹 참는다는 소리다. 사랑은 평화와 기쁨만 가득한 낙원이 아니다. 욕구를 표현하는 것은 권리이자 의무이다. 자신의 욕구를 어떤 형태로 표현할지, 또 상대의 거부에 어떻게 대처할지 그것은 각자의 결정이다. 자기 욕구를 채워달라고 상대에게 요구할 권리는 없다. 또 상대의 욕구 표현은 그의 의견이므로 당신이 반드시 들어주어야 할 이유는 없다.

5 연인을 독립적이고 사랑스러운 인간으로 존중하라.

당신에게는 그와 헤어지거나 아니면 그와 함께할 권리가 있다. 하지만 그에게 당신 생각대로 변하라고 요구할 권리는 없다.

6 일기에 적어보자.

- □ 이상적인 연인에게서 기대하는 모든 특성과 능력(정신적, 신체적, 경제적, 정서적 능력)
- □ 포기할 수 있는 특성과 능력
- □ 당신이 주고자 하는 것

7 무조건적인 사랑을 찾고 있는가? 그렇다면 그 사랑을 자신에게 선사하자.

지금 그대로의 당신을 무조건 인정하라. 당신은 어떤 행동을 하든 지금 그대로 사랑스러운 존재다.

8 "시간이 가면 나아지겠지."라는 생각으로 관계를 시작해서는 안 된다.

"내가 바꿀 거야."라는 생각도 안 된다. 자신에게 물어보자. 저 사람을 지금 그대로 좋아하는가? 아니면 바꿀 수 있다고 생각하는가? "다 좋은 데 저것만 바꾸면……"이라고 생각하기 시작했다면 그가 아무리 변해도 당신은 영원히 만족하지 못할 것이다.

9 모두에게는 사랑을 표현하는 나름의 방식이 있다.

우리는 어린 시절에 부모님에게 사랑을 표현하는 방식을 배운다. 그리고 훗날 연인 관계에서도 그 방식대로 사랑을 표현한다. 부모님이 칭찬을 많이 하고 많이 안아주었다면 그 사람은 그런 행동을 사랑의 증표라고 생각할 것이다. 부모님이 돈으로 사랑을 표현하였다면 그 사람은 돈을 사랑의 증표로 생각할 것이다. 혹은 어린 시절이 너무 불행했기에 절대 부모처럼 살지 않겠다고 다짐했을 수도 있다. 그럼 그 사람은 부모와 정반대로 애정을 표현할 것이다.

두 사람이 자신의 표현방식만을 옳다고 생각한다면 당연히 갈등이 생긴다. 각자가 '사랑하는 마음에서' 어떤 행동을 하지만, 상대에게는 그 사랑의 메시지가 와 닿지 못할 것이기 때문이다. 따라서 연인에게 바라는 점을 이야기할 필요가 있다. "날 사랑한다면서 내가 뭘 좋아하는지도 몰라?" "모르는 걸 보니 날 사랑하지 않는 거야." 이런 생각은 틀렸다. 사랑은 점성술이 아니다.

연인 관계에서는 상대를 위해 무언가를 해줄 마음이 중요하다. 그렇다고 해서 상대의 생각을 읽을 필요까지는 없다. 상대가 바라는 것을 상대와 똑같은 열정으로 해줄 필요도 없다. 그저 가끔 상대를 아끼는 마음에 그가 원하는 이런저런 것들을 해주면 충분하다.

사랑은 말이나 행동만 보고 판단할 수 있는 감정이 아니다. 혼인 빙자 사기꾼들은 온갖 아첨을 떨지만, 그들의 행동이 절대 사랑인 것은 아니다. 모든 사람에게는 사랑을 느낄 능력이 있다. 하지만 직접적으로 표현하는 방법을 배우지 못한 사람도 많다. 사랑한다고 말하지 않아도 열심히 돈을 벌어다 주거나 힘든 일을 대신 해주는 것도 사랑을 표현하는 방법이다.

10 연인이 하고 싶은 일을 할 수 있도록 지지하고 지원하자.

사이가 좋은 연인을 보면 대부분 양쪽 모두 발전과 성장을 한다. 둘이 있어 좋은 점이 무엇일까? 목표 달성을 도와주고 지지해줄 사람이 있다는 것이다. 혼자 있을 때보다 더 괴롭고 힘들다면 둘이 있을 이유가 무엇인가? 금지와 이기적인 요구로 상대를 옥죄고 괴롭힌다면 성장과 발전은 있을 수 없다. 아무리 달라붙고 옥죄어도 떠나는 상대를 잡을 수는 없다. 오히려 간섭하고 집착할수록 상대는 어서 벗어나고 싶은 생각이 간절할 것이다.

11 연인이 화를 내거나 상처받을 위험이 있어도 감수하고 자신의 욕구를 표현하는 것이 연인 관계다.

평화를 위해서 바라는 것이 있어도 입을 꾹 다물고 혼자서 실망하거나, 화를 내고 상대가 배려심이 없다며 상대 탓을 한다면 관계에 아무 도움이 안 된다.

자신의 감정과 행동은 자기 책임이다

많은 커플이 문제가 생기면 상대 탓을 한다. "당신이 그런 말만 안 했어도 내가 안 그랬지." "당신이 그따위로 행동하니까 내가 그러는 거 아냐."

상대를 탓하고 책임을 떠넘기면 갈등의 골은 더 깊어진다. 상담하러 와서 내가 중간에서 판결을 내려주기를 은근히 기대하는 커플이 적지 않다. 나는 단호히 거절한다. 판결보다는 자기 감정과 행동의 책임이 자신에게 있다는 점을 일깨우는 것이 더 급선무이기 때문이다.

자신의 감정과 행동은 자기 책임이다. 세상 그 누구도 우리의 감정과 행동을 통제할 수 없다.

연인 관계에서 발생한 문제는 항상 양쪽 모두가 관여한 일이다. 그러니 누가 먼저 시작했고 누구 탓인지를 밝혀내는 것은 전혀 중요하지 않다. 각자가 갈등에 어떤 기여를 했으며 그 행동을 할 당시 어떤 심정이었는지를 아는 것이 훨씬 더 중요하다.

따라서 각자가 그 상황에서 무슨 생각을 하고 어떤 마음이었는지를 털어놓는 것으로 대화를 시작해야 한다. "난 이런저런 기대를 했고 그래서 이런 기분이었어."

'내' 입장에서 '나'를 주어로 삼아 이야기를 해야 그 감정이 자기 책임이라는 것을 알 수 있다. "당신이 그랬잖아." "어떻게 당신이 그럴 수가 있어?"와 같은 식의 말은 자기 감정의 책임을 상대에게 떠미는 표현이다. 더구나 그런 말을 들으면 누구나 공격당했다고 느끼므로 당장 방어하게 되고 역공격을 하게 된다. "당신은 한 번도 내 말을 들은 적이 없어." "당신은 항상 이딴 식이야." "지난주만 해도 그래." "당신은 늘 그렇게 말하지."

그가 왜 우리의 행동을 보고 그렇게 느끼고 그렇게 행동할 수밖에 없었는지 그 이유를 이해할 필요가 있다. 그러자면 우리의 말과 행동이 그에게 어떻게 와 닿는지를 알아야 한다.

상대에게 책임을 떠밀어버리면 편하다. 고민할 필요가 없다. "당신이 그러니까 내가 이러지." "당신 때문에 내 기분이 이렇잖아." 그러면 자신을 바꿀 필요가 없다. 하지만 그런 식의 태도는 자신을 무력한 존재로 만든다. 상대가 변하지 않으면 자신은 아무것도 못하는 바보 멍청이다.

물론 상대가 무슨 행동을 해도 좋게 생각하고 넘어가라는 말은 절대 아니다. 우리는 연인에게 그의 행동이 마음에 들지 않으며 앞으로도 계속 그러면 참지 않겠다고 차분히 말할 수 있다. 하지만 우리의 감정은 우리 자신의 책임이다. 우리는 선택할 수 있다.

□ 화는 나지만 꾹 참는다.

□ 화가 나서 마음에 들지 않는 점을 이야기한다.

□ 화내지 않고 차분히 마음에 들지 않는 점을 이야기한다.

□ 차분히 상대의 행동을 이해하거나 이별을 한다.

말을 해도 상대가 변함없이 행동한다면 그건 어쩔 수 없다. 그가 어떻게 행동하느냐는 우리가 결정할 수 있는 일이 아니다. 하지만 일단은 대화를 나누어야 한다. 어떤 점이 마음에 들지 않는지 이야기해야 한다. 화가 나는데도 아무 말 하지 않고 화를 참는다면 화는 내어 무슨 소용이 있겠는가? 자기만 손해다. 남 보기에는 사이가 좋지만 사실 속으로는 부글부글 속을 끓이고 있을 테니까 말이다. 화를 내는 대신 비아냥댈 수도 있다. 화를 참다가 아무것도 아닌 일에 버럭 소리를 지를 수도 있다. 화를 참다가 병이 들 수도 있다.

분명한 점은 그런 식의 태도가 관계에 하등 도움이 안 된다는 사실이다. 우리는 연인한테서 기회를 빼앗는다. 우리의 기대에 대해 고민하고 그 기대를 채워줄 기회를 빼앗아버린다. 그렇게 하여 결국엔 우리 스스로 불만스러운 관계를 만들어낸다. 연인 관계는 서로의 생각을 나누며 무르익는다. 공정한 소통의 방법이 꼭 필요한 이유다.

다음의 방법으로 스스로 책임지는 연습을 해보자.

1 연인과 당신의 감정에 관해 이야기해보자. "나"를 주어로 삼아 "나"의 입장을 이야기해야 한다.

그러면 자신의 감정에 대한 책임이 자신에게 있음을 절로 깨닫게 된다. 타인이 당신을 화나게 한 것이 아니다. 타인이 한 행동과 말에 당신이 화를 내는 것이다. "당신 때문에 화가 나."라고 말하지 말고 "내가 이러저러한 기대를 했더니 화가 나.", "내가 이렇게 받아들이다 보니 상처를 받았어."라고 표현하자. 상처를 받았을 때도, 울적할 때도 마찬가지다. "내가 이러저러하게 생각하다 보니 속이 상하네.", "내가 이런저런 기대를 했더니 슬퍼졌어." "내가 이렇게 생각했더니 불안해졌어." 이렇게 표현하자.

정직하고 다정한 관계가 되려면 이런 식의 교류가 매우 중요하다. 특히 화가 날 때는 대화가 꼭 필요하다. 화가 나면 가까이 다가가고 싶은 마음이 생기지 않는다. 누구에게나 화를 낼 권리가 있고, 어떤 식으로 그 화를 표현할지도 각자의 선택이다. 공격을 할지 차분하게 말을 할지, 그건 당신이 결정할 일이다.

2 세상 그 누구도 당신에게 싫은 것을 하라고 강요할 수 없다.

"연인을 생각해서 하기 싫어도 해야지." 그런 생각을 하지 않도록 조심하라. "내가 하겠다고 약속했으니 내가 결정한 일이야." "내가 싸우기 싫어서 그렇게 한 거야." 이렇게 생각을 바꾸자.

당신의 연인은 자기가 원하는 만큼 요구할 수 있다. 당신이 그 요구를 들어준다면 그건 당신의 결정이다. 당신은 그에게 조종당하는 인형이 아니다. 그는 자신의 행동을 선택할 수 있지만, 당신의 행동은 그의 선택이 아니다. 당신이 결과가 겁나서 그의 요구에 동의한다면 그건 당신의 문제다. 당신이 결정해서 연인에게 주도적 역할을 맡긴 것이니까 말이다. 당신이 온갖 집안일을 다 떠맡고 각종 서비스를 제공한다 해도 그것 역시 당신의 선택이다.

3 과거의 연인 관계를 돌이켜보자.

당신은 어떤 역할을 맡았던가? 늘 연인의 건강과 행복을 먼저 생각했던가? 연인에게 꼼짝도 못 하고 쥐여살았던가? 아니면 연인에게 사사건건 지시를 했던가? 어느 쪽이 되었든 책임이 고르지 않았다.

물론 양쪽이 역할 분담에 아무 이의가 없다면 관계는 지속될 것이다. 하지만 어느 한쪽이 불만을 품고 변화를 원한다면 얼마 안 가 갈등이 생길 것이다. 그래서 흔히 여성이 의식이 깨여 다시 일을 시작하거나 독자적으로 친구들을 만나게 되면 연인과 갈등이 생기고 사이가 멀어지는 것이다.

4 연인에게 책임을 돌려주자.

과거에 연인을 돕고 연인을 위해 모든 책임을 졌다면 자신을 위해 이런 행동을 고쳐야 한다. 새롭게 연인 관계를 시작하기 전에 미리 고쳐야 한다. 지금부터 훈련해보자.

주변에서 누가 도와달라고 하면 거절한다. 설명이나 사과를 덧붙이지 마라. 그냥 싫다고 하면 된다. 상대의 생명이 위태롭지 않다면 당신에겐 어떤 부탁도 거절할 권리가 있다. 당신이 아니라도 도와줄 사람이 분명 있을 것이다. 상대는 실망하고 화가 나겠지만, 그래도 죽지는 않는다. 그의 기분은 그의 개인적인 마음가짐의 결과이지 당신의 행동이 불러온 결과가 아니다.

누군가에게 도와달라고 부탁한다. 당신에게는 도움을 청할 권리가 있다. 상대가 거절한다고 해도 당신의 목숨이 위태롭지는 않을 것이다. 또 거절이 곧 미움을 의미하는 것은 아니다. 상대가 당신이 미워 거절한 것이 아니라는 말이다. 거절은 그의 바람과 마음가짐, 그 순간의 기분이 낳은 결과물이지 당신의 인간 됨됨이가 나쁘기 때문이 아니다.

내 말을 오해하지 마라. 당신이 주변 사람들을 돕는 건 참 좋은 일이다. 하지만 도울지 안 도울지를 당신이 결정해야 한다. 미움받을까 무서워 도와준다면 당신은 기분이 나쁠 것이고 화가 날 것이다. "자기가 하면 될 것을 꼭 나를 시켜." 이렇게 속으로 원망할 것이다.

5 요구를 바람으로 바꾸어라.

과거에 자기 입장만 생각하느라 늘 상대를 비난했다면 왜 당신이 상대를 비난했는지 한 번 고민해보자. 당신은 그에게 어떤 요구를 했던가? 왜 그가 그 요구를 들어주어야 했는가? 요구하지 말고 부탁하자. "당신이 이렇게 해주면 좋겠지만 안 해줘도 난 괜찮아. 당신이 내 부탁 들어주려고 태어난 건 아니니까."

결정의 자유

이별하고 나면 그동안 연인에게 쏟던 시간과 에너지를 자기 발전에 투자할 수 있다. 다시 한번 저 아래 계곡을 내려다보자. 여기 산꼭대기에서 보면 그동안 당신이 밟아온 길이 하나하나 전부 다 보인다.

당신은 정상까지 오는 동안 12개의 안내표지판을 만났다. 그 표지판을 다시 한번 읽어보자.

1. 관계가 끝났다는 사실을 인정하세요. 연인은 떠났습니다.
2. 부정적인 감정을 인정하세요. 화와 미움, 죄책감과 절망, 자괴감과 불안, 고독은 이별 후 거의 모든 사람이 느끼는 감정입니다.

3. 몸도 힘이 듭니다. 그걸 받아들이세요.
4. 감정의 책임은 자신이 집니다. 당신의 감정은 당신의 생각을 통해 생겨납니다. 그리고 생각은 바꿀 수 있습니다.
5. 해롭지 않은 방법으로 감정을 표현하세요.
6. 시선을 과거에서 미래로, 새로운 것으로 향하세요.
7. 자신과 전 연인을 용서하세요. 두 사람은 모두 최선을 다했습니다.
8. 아무 조건 없이 있는 그대로의 자신을 인정하세요. 당신은 지금 그대로 충분히 사랑스럽고 독보적입니다.
9. 사람을 새로 사귀고 새 친구를 만들어보세요.
10. 부모님과 평화협정을 맺으세요. 부모님은 줄 수 있는 모든 것을 당신에게 주셨습니다.
11. 다시 사람을 믿어보세요.
12. 연인 관계를 새롭게 바라보세요. 연인 관계는 윈윈 게임입니다. 어느 쪽에게나 자기 욕망을 표현할 권리와 의무가 있습니다.

당신은 이 표지판을 따라 걸었고 이제 산꼭대기에 도착했다. 분노와 절망과 미움과 열등감, 죄책감도 모두 이겨냈다. 외로웠지만 죽지 않고 살아남았다. 혼자서도 척척 해결하고, 혼자서도 만족하는 법을 배웠다.

당신은 그동안 자신을 아끼지 않았다. 그래서 연인에게 인정받으려고 애를 썼다. 마침내 당신은 그 사실을 깨달았고 남의 칭찬과 인정에 목매지 않는 높은 자존감을 키웠다. 과거의 관계에서 당신이 자발적으로 어떤 역할을 선택했으며 당신의 지금 행동과 어린 시절이 어떤 관련이 있는지도 깨달았다. 이제 당신은 자신의 감정과 욕구 충족은 자신의 책임임을 잘 안다.

따라서 당신은 이제 더는 '잃어버린 반쪽'을 찾으려 버둥대지 않는다. 이제는 약속을 잡지 않아도 혼자서 외로움과 절망을 이겨낼 수 있다. 누구와 함께할 것인지도 자유롭게 결정할 수 있다. 그사이 새로운 사람을 많이 사귀었고 새로운 활동도 시작했으며 이별을 기회로 삼아 사랑과 연인 관계에 관한 자기 생각을 점검했다.

당신이 이룩한 발전은 그 누구의 것도 아니라 당신 자신의 것이다. 따라서 그 누구도 빼앗아갈 수 없다. 당신의 삶과 당신의 만족은 당신 손아귀에 있다. 자신이 일군 발전과 진보를 흐뭇한 기분으로 바라보며 자신의 어깨를 두드려주자. 앞으로 새로운 사람과 관계를 맺을 때 이 모든 경험이 길잡이가 되어줄 것이다.

물론 이제부터 만난 사람과도 영원히 함께할 것이라는 보장은 없다. 하지만 이것만은 확실하다.

- ☐ 당신은 무슨 말을 하고 어떤 행동을 하든 자신을 인정하고 좋아할 것이다.
- ☐ 당신은 혼자서도 인생을 즐길 수 있을 것이다.
- ☐ 당신은 남을 더 잘 이해하고 받아줄 수 있을 것이다.
- ☐ 당신은 자유롭게 시간을 활용하고 목표를 정할 수 있을 것이다.
- ☐ 당신에겐 자신의 능력과 한계를 경험으로 알아볼 기회가 있을 것이다.
- ☐ 당신은 자기 욕구에 가장 잘 맞는 라이프스타일을 만들어갈 수 있을 것이다.

앞으로 당신은 똑같이 이 길을 걸어 정상에 오른 사람들을 많이 만날 것이다. 또 때로는 뒷걸음질 치며 과거의 행동을 되풀이할 수도 있을 것이다. 그래도 용기를 잃지 말자. 사람이니까 실수도 하는 것이다. 그것이 과거의 행동 패턴이라는 사실을 알고 다시 일어서면 된다. 그런 자신을 인정하고 새로운 인생관에 따라 행동하면 된다.

정상 등반을 마치며

여기서 우리의 산행을 마치려 한다. 우리는 정상에 올랐다. 지금껏 나와 동행한 당신께 감사드리고 싶다. 이제는 우리도 작별해야 할 시간이다. 나는 이 책에서 이별의 아픔을 이겨내고 이별을 발전의 기회로 삼기 위해 필요한 모든 것을 당신에게 주었다.

그래도 이 책을 버리지는 말자. 여기 실린 연습문제는 앞으로도 여러모로 도움이 될 것이다. 특히 5장에서 했던 3단계 연습은 앞으로도 여기저기 매우 유익하게 사용될 것이다.

알다시피 생각을 바꾸려면 시간과 노력이 필요하다. 생각이 바뀐 후에도 훈련을 게을리해서는 안 된다. 당신이 원하는 것은 이론적 지식이 아니라 마음의 평화와 만족이다. 긍정적인 감정은 텃밭을 가꾸는 것과 같다. 매일 정성껏 돌보고 보살펴야 한다. 우리의 부정적인 생각과 감정은 잡초다. 조금만 방심해도 사방으로 뻗어 나가는 끈질긴 잡초다.

한 번 풀을 맸다고 해서 안심할 수 없다. 잡초는 금방 자라 농사를 망칠 것이다. 알찬 결실을 수확하려면 방심하지 말고 열심히 가꾸어야 한다. 긍정적인 생각과 감정도 마찬가지다. 매일 거울을 보며 자신에게 다정한 인사를 건네자.

비난은 금물이다. 자신에게 화를 내고 야단을 치면 주변에서 모두가 칭찬해주어도 기분이 좋을 리 없다.

싱글로 남든 다시 연인을 만나든 그건 당신의 결정이다. 어쨌거나 당신의 성공을 기원한다. 당신이 앞으로도 자신의 장점과 단점을 용기 있게 인정하며, 타인을 존중하고 공정하게 소통할 수 있기를, 자신과 함께 재미난 경험을 많이많이 쌓아갈 수 있기를 진심으로 바란다.

도리스 볼프

이별 감정 사용설명서

지은이 | 도리스 볼프
옮긴이 | 장혜경
펴낸이 | 이동수

1판 1쇄 펴낸 날 | 2021년 11월 05일
1판 2쇄 펴낸 날 | 2021년 12월 01일

책임 편집 | 이형진
디자인 | ALL 디자인 그룹

펴낸 곳 | 생각의날개

주소 | 서울시 강북구 한천로 109길 83, 102동 1102호
전화 | 070-8624-4760
팩스 | 02-987-4760

출판 등록 | 2009년 4월 5일 제 25100-2009-13호